PAUL ADAM

Reims dévastée

LIBRAIRIE FÉLIX ALCAN

REIMS DÉVASTÉE

COLLECTION « LA FRANCE DÉVASTÉE »

Dirigée par M. Gabriel LOUIS-JARAY

Série I : LES RÉGIONS

PAUL ADAM

REIMS DÉVASTÉE

Préface de M. G. HANOTAUX
de l'Académie Française.

PARIS

LIBRAIRIE FÉLIX ALCAN

108, BOULEVARD SAINT-GERMAIN, VIᵉ

1920

OUVRAGES DU MÊME AUTEUR

(FLAMMARION, Éditeur).

Basile et Sophia.
Irène.
La Force.
L'Enfant d'Austerlitz.
La Ruse.
Au Soleil de Juillet.
La Bataille d'Uhde.
La Ville inconnue.
Dans l'air qui tremble.
La terre qui tonne.
Le Serpent noir.
Le Trust.

A

L'ESPRIT LATIN DE REIMS

FONDATEUR, DÉFENSEUR, CONSERVATEUR

DE L'UNITÉ GALLO-ROMAINE

DEPUIS VINGT SIÈCLES

PAUL ADAM

Ce petit volume est le dernier qu'ait écrit Paul Adam.

Il était dans la logique de cette belle vie littéraire et patriotique qu'elle s'achevât sur un hymne à la patrie. Dans la collection de « La France dévastée », l'hommage à Reims dévastée devait être le plus haut et le plus émouvant. Paul Adam s'est soulevé sur son lit de mort pour tendre cette palme vers la ville martyre. Parmi les ruines encore fumantes de la cité de Clovis et de Jeanne d'Arc, il avait trouvé l'or et les gemmes qu'il avait emportés précieusement et qu'il enchâssa en ce merveilleux reliquaire.

Paul Adam était digne de louer Reims.

Parmi les dons qu'il avait reçus, il en était un qui le mettait hors pair : la puissance. En cet homme aux fortes épaules, au masque léonin, on eût trouvé je ne sais quels traits venant de Balzac et de Napoléon.

A l'un de ses plus beaux romans, il avait donné ce titre : L'Enfant d'Austerlitz, nom qu'il eût pu prendre pour lui-même : car il était de la grande lignée. Quand il publia, au cours de la guerre de 1914-1918, ses Lettres de Napoléon, elles étaient d'un tel accent que l'on put se demander si ce n'était pas LUI qui était revenu. A ce degré, l'imitation est une évocation. « A la manière de... » paraît le reflet du génie.

J'ai assez connu et aimé Paul Adam pour entre-

*prendre de le peindre : il était, avant tout, « peuple »
et moderne ; en plus, téméraire et insoumis. Se sentant
de taille à lutter même contre la force des choses, il
était pareil à une de ces cariatides qui se tordent sous
le poids d'un édifice, mais n'en sont pas écrasées. Ainsi
la vie fut, pour lui, un combat continuel qu'il livra en
beauté. L'époque où la destinée l'appela à vivre parut
(jusqu'à la Guerre de 1914) trop étroite pour lui. Sous
la jaquette, on devinait sa riche musculature et on l'eût
vue remplissant beaucoup mieux le pourpoint et les
godrons de quelque soldat de la Renaissance.*

*Il apparaissait ainsi comme un héritier de la France
forte, et non de ces générations mièvres de la fin du
siècle dix-huit. Ses parentages allaient vers Rabelais,
Hugo, Balzac, Zola. Ayant puisé aux mêmes sources, il
avait l'abondance, la verve, le flot, à défaut de la souplesse, de la grâce et des sinueux détours.*

*Mais cette puissance, venue de si loin et de si haut,
apparaît chez Paul Adam extraordinairement actuelle.
Même s'il se donne — très passagèrement — à l'évocation du monde antique, il en dégage surtout les
ressemblances avec cette « fin de siècle » où il vivait.
Contemplant la décadence byzantine, il mesure la grande
oscillation entre la fin du monde antique et la naissance du monde moderne. Ce qu'il y cherche et ce qu'il
y trouve, c'est « ce qui allait advenir ».*

*Paul Adam était ainsi, même dans le passé, avant
tout, un chercheur de futur. Toujours en tête de la
troupe, il courait à perdre haleine pour que personne
ne le dépassât : l'épopée coloniale, les entreprises de
l'industrie et du commerce, les hasards de la mer, la
conquête du sol, du sous-sol... et du ciel, tels furent ses
« sujets ». Son chef-d'œuvre reste, à mon avis, ce roman
où palpite l'âme de l'avenir : Le Trust !*

*J'écrivais en 1910, quand le livre parut : « On sait le
modèle que se propose Paul Adam, c'est Balzac. Si Bal-*

zac vivait de nos jours, il étendrait les bras jusqu'à
étreindre la planète ; c'est ce que tente son vigoureux
disciple. Il a fait tenir l'univers, l'univers matériel,
l'univers vivant, l'univers humain, dans cet énorme volume
de style bourré et dense comme des notations de télé-
graphie sans fil. Il a mis « l'énergie » de notre temps
en flacons, comme le physicien emprisonne la foudre
dans une bouteille de Leyde, et il a cacheté, timbré à
sa marque cet élixir puissant, concentré, généreux.

« Pour écrire cette œuvre de cinq années, — long mor-
ceau de la vie humaine, — Paul Adam a poursuivi son
enquête sous toutes les latitudes, dans tous les milieux,
chez toutes les races. Partout, il a retrouvé les réper-
cussions de la pensée maîtresse du « Civilisateur » qui
veut créer, dominer, unir. Il a su découvrir et mettre
en lumière, partout, les raisons qu'ont les hommes d'agir
et la puissance du désir universel qui secoue la paresse
universelle. »

Livre qui reste, malgré tout, et au-dessus de toutes
les critiques, à la fois épique et humain. »

Voici, maintenant, pour achever une œuvre si noble
et si nombreuse, les dernières pages que Paul Adam a
écrites. Que la France les garde pieusement près de son
cœur, parmi les plus belles fleurs qui lui sont consa-
crées ! Que l'histoire recueille cette superbe lamentation !
Reims la désolée aura trouvé dans cet homme aux
paroles fortes et qui, déjà, regardait en face l'au-delà,
un contemplateur digne d'elle.

Paul Adam ne s'est-il pas placé, comme le conseillait
Kant, « au point de vue de l'Eternité » quand il écrivait ces lignes, qui sont toute la philosophie de cet évé-
nement à jamais déplorable : le massacre de Reims ?

« Centre de la façade Nord de la cathédrale, le Beau
Dieu, qui semblait un Phédon enseignant la philosophie
platonicienne et qui attestait Jésus comme un concept

de la Méditerranée, fut décapité, amputé d'une main. Ses draperies sont arrachées. Ainsi le Wathan baltique a voulu tuer le génie de la Méditerranée, si manifeste dans cette image taillée par des artistes conscients de notre aïeule spirituelle, la Grèce de Solon, de Socrate et de Périclès. Le Beau Dieu n'est plus. Un signe principal a disparu de l'étroite filiation entre notre Église latine et la mentalité antique.

Faust a frappé Hélène. Hégel eût-il conseillé cette folie?... Devant cette question, nous nous demandons atterrés, parfois, à quelle époque de l'avenir porteront tous leurs fruits la science et la philosophie cultivées depuis les origines, par les peuples civilisateurs, pour les peuples barbares qu'ils éduquèrent à demi... »

GABRIEL HANOTAUX,
de l'Académie française.

REIMS DÉVASTÉE

I

Évoquant les officiers d'Allemagne et leur immense déconvenue, parcourons, de Witry à Nogent-l'Abbesse, ces pentes qui, de leurs profils broussailleux, partout, dissimulent quelques ouvrages fortifiés, ou des combes ayant servi de refuges aux bataillons avant une attaque.

Visitons ces redoutes blotties, maçonnées, bétonnées, cachées dans les bois, puis ces casemates souterraines, ces labyrinthes chemins d'observatoires secrets à vues rayonnantes, et encore ces vallons où l'ennemi transportait les machines de nos fabriques proches, même de petites dynamos, afin de réparer leur matériel ébréché par nos tirs. Escaladons les talus élevés, herbus, recouvrant les constructions du génie, les arsenaux et les casernes. Explorons ces ravins où s'enfoncent les sentiers les moins accessibles aux obus. Que d'êtres, là, souffrirent, plus que dans tous les enfers des poèmes.

Au mois de septembre 1914, nos soldats, sur ces positions, offrirent la suprême résistance avant d'évacuer Reims. L'invasion, depuis nos échecs de Charleroi, Rethel et Novion-Porcien, les obligeait aux reculs successifs, par l'intensité de ses feux, par les manœuvres enveloppantes de ses multitudes, par le résultat stratégique de ses succès en Flandres, en Artois et, en Picardie contre les Anglais du général French, contre notre gauche. Les damnés qu'inventa la verve du Dante n'ont rien subi d'égal à la torture de ces escouades massacrées, mutilées, décapitées, éventrées par l'éclatement des « gros-noirs ». Contre les canons de l'ennemi il n'était nul recours, puisque, faute d'artillerie lourde, en quantité suffisante, nos états-majors ne pouvaient, avec les portées trop courtes de leurs pièces, détruire, au loin, ces batteries exterminatrices. Celles-ci, à très longue distance, rendirent intenables Witry, Reims, Nogent-l'Abbesse, les ouvrages qui relient ces trois centres. Elles détruisirent, dans leurs gîtes connus d'avance, nos groupes d'obusiers, sans que nous pussions atteindre les principales forces des artilleries adverses. Bien des courages, là, se sacrifièrent, résignés à ne pas vaincre. Cependant les trains emportaient vers Reims les milliers de jeunes hommes sanglants, boueux, emmaillotés de pansements sommaires, et qui, paysans ou citadins, riches ou pauvres, mais également stoïques, refusaient de se plaindre, encore plus de désespérer.

Gravissez tous les calvaires de Reims, de Nogent-l'Abbesse, de la Pompelle, de Moronvillers, avec le souvenir de ces régiments bleus et rouges, nos frères, nos fils. Ils venaient alors d'être enthousiastes à Charleroi, héroïques dans les Ardennes, tenaces et furieux sur les rives de l'Aisne; mais, par tous les chemins, ils arrivaient derrière leurs batteries, poudreuses et boiteuses, derrière leurs files de caissons vides, en colonnes, les visages noirs de poudre, la gorge sèche, les mains ou les fronts en du linge rougi, la capote trouée par les balles, le sac tranché par les shrapnells : cela sous des nuées subites verdâtres dans le ciel, puis grossissantes d'où la mitraille en pluie criblait les épaules, les gamelles, les crânes, cassait les os, crevait les artères, finissait des vies, des amours, des intelligences, les espoirs des mères anxieuses au fond de leurs chambres, près d'une photogra-

phie, dans leurs provinces éparses. Dociles aux
ordres des chefs, les jeunes hommes garnissaient, de
leurs corps, les talus. Ils mettaient en batterie. Ils s'apprêtaient à souffrir davantage. Ils se rassemblaient.
Ils se redressaient pour faire front devant la mort
entre leurs drapeaux lacérés. Songez à ce pullulement
d'âmes douloureuses arrêté derrière les crêtes, rangé
dans les creux, empressé autour des canons, attentif
près de leurs mitrailleuses. Tout cela c'est le meilleur de la France qui souffle un moment, se roidit, et
même espère. Ce sont les énergies immortelles des
aïeux gaulois, des légionnaires latins, des paladins,
des chevaliers, des mousquetaires, des sans-culottes,
des grenadiers, des voltigeurs et des zouaves. C'est
l'esprit d'Alésia, des Champs Catalauniques, de Ron-
cevaux, de Bouvines, d'Antioche, de Rocroy, de
Valmy, d'Austerlitz, de Solférino, de Reischoffen. C'est
l'énergie nationale en capotes bleues et en pantalons
rouges. Ciel et sang. Le ciel des idées. Le sang des sacrifices. Leur costume. Debout, fiers, ils recommencent
à mourir pour l'honneur de la Nation libératrice.

Coteaux, vallons, champs de septembre qui avez
soutenu leurs pas, porté leurs élans farouches, bu le
sang de leurs blessures, reçu les suprêmes confidences
de leurs râles, et embrassé les chairs encore frémis-
santes de leurs cadavres que mêlaient à notre terre les
catastrophes des explosions, n'incarnerez-vous pas,
dans vos fleurs d'été, quelques effluves de ces existences? Ne leur prêterez-vous pas, dans toute la grâce
des corolles fraîches, ce qu'il faut de sensibilité pour
savoir le baiser de la lumière française, le baiser d'une
gloire tardive mais radieuse par les conséquences
de leur bravoure?

Et pourtant des mains germaniques ont, les premières,
relevé, enseveli leurs corps, rendu à leur stoïcisme
l'hommage des honneurs militaires. Car la résistance

eut un terme, ces jours néfastes où sous la direction du
général Castelnau, nos attaques échouaient en Lorraine,
sur le plateau de Morhange, où la retraite déterminée
par les opérations de Mons, de Charleroi et Dinant, se
hâtait vers la Marne, avant d'y reprendre contact
avec les forces indispensables à la grande rescousse
contre un vainqueur habilement éloigné de ses réserves et de ses magasins, de ses gares à ravitaillement.
Découvertes à leur gauche, et peut-être à leur droite,
les armées de l'Aisne devaient obéir à l'ordre général
de repli. Les forts de Reims furent démantelés à demi,
évacués. Ils restèrent quelques heures gardés par nos
morts seuls.

Le vent agitait leurs cheveux et les herbes. Il balança
les ombres des arbustes sur les masques à jamais
immobiles, sur les yeux éteints, sur les poitrines
empourprées par la bave des blessures[1].

[1]. Il faut lire *Dans les remous de la bataille* la frappante évocation de ces jours tragiques, par Isabelle Rimbaud qui fut témoin
des faits; et aussi *Avec la Légion étrangère*, d'Albert Erlande,
où si nettement se marque l'enthousiasme de toutes les races
accourues sur nos rangs pour la défense du Droit.

II

Le lendemain, et prudemment, à travers des boqueteaux, neuf hussards de Prusse, trois officiers, de ci,
de là, s'approchèrent, se guidant à coup de sifflets.
Par des pistes différentes ils parvinrent sur les courtines
de Witry. Pareils aux Barbares devant Rome, ayant
arrêté leurs chevaux, ils regardèrent l'espace, en silence. L'espace vide. Puis, au loin, les bois bleus du
crépuscule, la côte onduleuse qui leur masquait la
ville de saint Remi.

A cette distance, la basilique, en ses brumes, semble
ne pas toucher le sol, mais planer au-dessus d'une cité
peut-être, dont rien alors ne se révèle.

L'église des sacres là surgit, face de la pensée française ; et regarde.

En face donc, après la morne plaine où, depuis 1914,
rien n'a poussé que la ronce, que le chardon, et
dans une échancrure des collines limitant, au sud, cette
étendue, s'impose, isolée, comme une apparition de miracle, la cathédrale de Reims, droite contre les nues
violâtres qu'ensanglante le couchant.

Telle ils durent la contempler d'ici bien des soirs,
les fils de Méphistophélès qui crurent longtemps
conquérir, posséder cette force ancienne des Gaules.
Sur le visage de l'église latine surent-ils mesurer
l'énergie opiniâtre, pendant dix siècles, pour, tant de
fois, recomposer, dans ce sanctuaire fatidique, la
patrie de Charlemagne, malgré toutes les invasions
germaniques, scandinaves, anglaises, malgré la folie

des seigneurs francs qui dotaient de provinces leurs
filles unies aux gendres étrangers, ou qui, rebelles, s'al-
liaient avec l'ennemi, ou qui réglaient leurs partages
de légataires sans souci de l'unité primitive.

Cette face de la cathédrale que coiffent ses deux
tours apparaissait ainsi, violette dans le soir, pour rappeler, quotidiennement, la vitalité de la Gaule latine à
ses pires adversaires, à ces descendants des Ariovistes,
des Ottons, des Brunswicks, des Blüchers et des Moltkes.
Ils regardaient, du haut de Witry, la plaine et la basilique. Allait-elle recevoir le joug définitif de l'Allemagne, l'intelligence de Reims?

Exaltés par l'orgueil, les cavaliers descendirent. Ils
pénétrèrent, dans la tristesse de la ville nocturne et
déserte. Ils trouvèrent le silence.

Le lendemain 4 septembre 1914, des automobiles
entrèrent à leur tour. L'une portait l'intendant militaire.
Tandis qu'il présentait au Conseil municipal ses réqui-
sitions — (100.000 kilogrammes de pain, 25.000 de
légumes, 30.000 litres d'avoine, 60.000 litres d'essence,
la paille et le foin de la cavalerie, 1 million d'argent), —
tandis qu'il affirmait avec un sourire d'ironie comment
ni lui ni les siens n'étaient des « barbares », une explosion secoua les vitres du palais municipal, avant
une autre plus proche. Sur cette ville évacuée par
tous ses défenseurs, occupée par l'invasion, un chef
de batterie allemande, en vue de Reims, aux Mes-
neux, essayait le pouvoir de ses engins. Immédiatement ils crevaient une école. Ils frappaient cent
soixante-quinze fois les quartiers de l'est et du centre.
Ils touchèrent les abords de la cathédrale, en brisè-
rent quelques vitraux, égratignèrent le groupe sculp-
tural de la Visitation si curieusement inspiré de l'antique latin, en ses draperies à la romaine. Un apôtre
de pierre fut blessé. Des éclats éraflèrent ou trouèrent
vingt-huit toiles du Musée. Les explosions chassèrent

les malades des hôpitaux partiellement et brusquement démolis. Elles bousculaient les journalistes dans les bureaux de l'*Éclaireur*, les élèves dans l'École de Commerce, les sœurs de Saint-Vincent-de-Paul et les Lazaristes, dans leurs couvents. Des grenailles éclaboussèrent l'église Saint-André. Elles lacéraient, dans Saint-Remi, le tableau représentant l'*Entrée de Clovis à Reims*, outre une tapisserie ancienne. Cette furie tua, de plus, quarante-neuf personnes, en balafra cent trente. Tout cela, dit-on, parce que les gens de Reims n'avaient pu renseigner, ignorant le trajet suivi par une automobile parlementaire allemande à la recherche du général Foch. En vérité les Barbares voulaient que, de l'épouvante leur asservît les volontés. Quatre mille Saxons surgirent bientôt. Quatre mille visages de la haine germanique. Ils firent retentir leurs bottes, leurs « hoch » derrière leurs musiques sonnantes, sur les avenues de Laon et de Paris. Sévère, l'état-major choisit le Dr Langlet, maire, le Dr Jacquin, deux conseillers municipaux pour ôtages. Il se fit terrible. Il confiait ces messieurs à des soldats en capotes verdâtres qui grimaçaient sous la housse du casque à pointe. Aussitôt maintes affiches promirent la fusillade, les amendes et les contributions excessives aux badauds qui les lurent. Les Barbares agissaient selon l'esprit de Hegel et de Nietzsche, selon la pratique de Treitschke et de Bernhardi.

Six jours les troupes impériales s'écoulèrent par la ville. D'autres remontèrent vers le nord. Les unes s'approprièrent les tabacs de la manufacture. Les autres s'emparèrent des aliments, dans les magasins, en échange de bons sans valeur. Toutes écoutèrent la canonnade plus violente vers Moronvillers, dans le sud-est, et non sans inquiétude. Elles regardèrent avec étonnement les convois de leur Croix-Rouge revenant trop chargés, de Montmirail, de Tours-sur-Marne, de

Saint-Gond, du Sud enflammé par les combats. Elles défilèrent devant l'hôtel du *Lion d'or* en commentant l'activité en désordre de leurs généraux. Elles comptèrent leurs blessés descendus devant la cathédrale, introduits par les trois portails entre les prophètes et les saints de pierre sous le couronnement de la Vierge, mère des Crucifiés. Elles se pressèrent en troupeaux verdâtres, sous leurs calots à bandes rouges devant les images des librairies, pour écouter le feldwebel, lisant leurs journaux, et même la *Gazette de Francfort*, datée le 8 septembre : « *Respectons les cathédrales françaises, celle de Reims notamment, qui est une des plus belles basiliques du monde. Depuis le moyen âge elle est particulièrement chère aux Allemands puisque le maître de Bamberg s'inspira des statues de ses portiques pour dessiner plusieurs de ses figures*[1]... »

Ensuite les feldgrau allaient en ribambelles contempler le miracle de l'architecture médiévale, les perspectives de la nef encadrant la divinité de la lumière, ce peuple de statues debout sur les façades pour enseigner la puissance du génie latin ; comme l'enseignaient, non loin de là, le Romulus et le Rémus, la Louve et la Léda sculptés dans la Porte de Mars qu'édifièrent les préteurs du III° siècle, lors d'un triomphe dû aux armes gallo-latines.

Cependant, et d'heure en heure, les troupes allemandes repassaient plus vite, plus nombreuses, du sud et de l'ouest vers le nord. D'infinies quantités de chariots ramenaient leurs fourrages, leur matériel disparate, leurs blessés maussades ou geignants. Ils se traduisaient les affiches de la Kommandantur où elle annonçait la probabilité d'une bataille dans Reims même, l'incendie de la ville, la pendaison des habitants à « la moindre tentative de désordre ».

---

1. Pourtant, *Le Mercure du Rhin*, en 1815, déjà, réclamait la destruction de la cathédrale.

Par masses de régiments, de brigades et de corps
l'invasion refluait. Elle engorgeait les ruelles et
les avenues ; elle rattelait ses cuisines ; elle dégageait
ses autos de ses voitures pleines, de ses camions.

A l'horizon, Vorzy tonnait contre cette retraite,
avec de la poudre française. L'orage de la canonnade gagna tout l'espace. Il hâta le départ de la
cavalerie le long du canal, celui de la Garde et de
ses batteries. Elles furent, sous l'averse, se poster à
Brimont et à Berru, à Tinquieux pour flamboyer contre
la victoire des Latins qui s'élançaient de la montagne de Reims. Le Kronprinz et ses aides de camp, ses
bagages quittèrent le *Lion d'or*. La cathédrale se remplit
de Siegfrieds sanglants, de Parsifals amputés, de
Lohengrin éventrés, de surhommes moribonds.

La force des Latins foudroyait en masse les fils de
Bismarck et de Zarasthustra. Les fuyards précipitamment brûlaient leurs fourrages, et flambaient les
meules de blé dans les champs, avant de regagner, ce
12 septembre, les hauteurs fortifiées de Witry à
Nogent-l'Abbesse.

Vers le milieu de l'après-midi les chasseurs de
France trottèrent dans les avenues de Reims. Leur
présence en expulsa les patrouilles allemandes d'ar-
rière-garde qui durent même oublier quelques chevaux
d'officiers, plusieurs torpedos et bien des fourgons[1].

---

1. Le général Mangin demandait, le 12 septembre, que l'état-
major permît de presser l'ennemi : *Si on lui laisse le temps de
réfléchir, il bombardera certainement la cathédrale de Reims.*

III

Les divisions allemandes se rétablirent sur les
coteaux au nord et à l'est de la ville. Leurs bataillons
remuèrent frénétiquement le sol. Ils dressèrent des
épaulements, creusèrent des tranchées. Ils masquèrent
les batteries. Tous les Faust de l'état-major calculèrent
des projets. Des milliers de feldgrau s'incrustèrent
dans les montagnes verdoyantes de Brimont, de Witry,
de Berru et de Nogent-l'Abbesse. Là, désespérément,
ils résistèrent aux élans de la victoire latine.

Cette lutte s'étendit par toute la plaine. Des
combats furent, un moment, très favorables à nos
troupes parvenues sur des hauteurs de l'est avant
qu'un ordre intempestif en rappelât une trop grande
quantité pour, dans Reims, défiler majestueusement
mais inutilement. Cette erreur permit aux renforts
allemands de repousser nos bataillons les plus fougueux,
car nul secours ne leur vint. Et le 14 septembre, à
l'aube, surlendemain du jour où l'ennemi avait évacué
la ville, les obus de 150 éclataient dans la rue des
Consuls, puis en dix autres. Ils hâchaient rue Croix-
Saint-Marc, toute une famille, et, ailleurs, des femmes,
des enfants, des soldats, des officiers. A l'ambulance
de Saint-Marc, quatorze poilus furent écharpés dans le
réfectoire, avec deux infirmières. Cinquante-neuf morts
avaient éclaboussé de leur sang les décombres des
maisons atteintes. Le 15, les Boches bombardaient les
faubourgs de Laon et de Cérès. Le 16, leurs obus défi-
guraient presque toute la place des Six-Cadrans, et

tuèrent le plus vieux sonneur de la cathédrale, tandis qu'il essayait de secourir une fillette à l'agonie.

Le martyre de Reims commençait.

Vers Brimont, pourtant, s'évertuaient les troupes du général Mangin, excellentes et admirablement commandées, enthousiasmées par leur courage heureux à Montmirail. Deux bataillons escaladèrent en dépit de tout, les pentes du château, s'y logèrent. Ils le crénelèrent. Ils y subirent les bombardements du fort ; car les Boches avaient eu le temps d'y concentrer leur meilleure artillerie. Ce feu de destruction décima les Français, les isola, par des tirs en arrière, de leur brigade. Les renforts ne purent accéder, ni le général, malgré sa bravoure légendaire. Comment nos 75 eussent-ils fait taire ces canons à plus longue portée ?

Le général Mangin qui saura, en 1916, reprendre aux Allemands Douaumont, et rendre vaines leurs énormes pertes de Verdun, qui saura les chasser de l'Oise à la Meuse, sans arrêt, pendant l'été de 1918, le général Mangin dut, en 1914, renoncer, faute de moyens, à l'assaut de Brimont. D'ailleurs, le général Joffre avertissait à ce moment M. Viviani qu'il restait seulement 400 coups par pièce dans les caissons. La bataille de la Marne avait épuisé les réserves de munitions. La prudence obligeait les deux partis à ménager leurs ressources.

De Noyon à Berry-au-Bac, à Witry, à Varennes, à Forges-sur-Meuse, la bataille se stabilisait. Malheureusement la reddition de Maubeuge encouragea l'envahisseur. Elle lui permit la manœuvre sur Péronne, funeste au général de Castelnau, puis celle dite : « La course à la mer » que finit la victoire de Foch sur l'Yser.

Dès lors, les Allemands se fixèrent en ces lignes, d'une manière solide. Ils sacrifièrent le plus pour les garder. De Witry, chaque soir, leurs observateurs purent contempler l'échancrure des collines par laquelle Reims offrait, à leurs regards, la face de sa basilique.

Tout de suite les canonniers boches la frappèrent. Ils ne se soucièrent pas de leurs blessés admis dans la nef, et installés là par le prince Auguste lui-même. Il avait, en les introduisant, allégué cette décision, pour assurer aux Rémois son respect de l'édifice, désormais intangible. Point. Notre-Dame et le Palais de Justice parurent visés dès le 18 septembre. Le temple de l'Art et le temple du Droit furent les premières cibles des Barbares, avec les hôpitaux.

Le premier obus envoyé dans la cathédrale s'écrase contre le parvis. Le suivant crève la toiture. Le troisième écorne l'abside. Le quatrième entame les contreforts septentrionaux. Le cinquième jette bas le clocher debout entre le transept et le chevet. A grand bruit les moellons s'écroulent, les poutres se rompent, les pierrailles pleuvent. Le mendiant du portail expire la main tendue, tandis que râlent deux des blessés allemands sur leur couche de souffrance. L'un de leurs gardiens, un gendarme, se tord dans les convulsions d'une rapide agonie.

Savamment, malgré la pluie drue, les Boches, le 19, rectifièrent leur tir. De 7 heures du matin à 4 heures du soir, ils le rapprochèrent du but peu à peu, après avoir défoncé nombre de toits dans les rues voisines, saccagé des étages, déchiré des femmes et des enfants, percé des murs. Au milieu de l'après-midi, le premier obus éclata dans le faîte de l'échafaudage qui enveloppait la tour nord-ouest. De Witry, les Barbares virent la lueur et la fumée bondir, puis un nuage noir grossir, s'enflammer. L'incendie s'élança.

On imagine la joie sacrilège des pointeurs. Ils touchaient au but. Comme ils durent railler la fâcheuse imprévoyance de nos architectes pour ne pas avoir abattu, l'avant-veille, ce donjon de poutres et de planches si propres à se consumer. En un moment les observateurs reconnurent que les combles de la basilique s'embrasaient. Ils devinèrent que la charpente offrait au fléau un aliment, ainsi que le plomb de la toiture, ainsi que la porte du parvis. La merveille que les officiers, sur le conseil de la *Gazette de Francfort*, avaient tant admirée huit jours plus tôt, devenait une colonne de feu tourbillonnant au bout de la plaine où l'on se canonnait, où se ruaient les infanteries. Au nord, Brimont tonnait forcenément.

Les hoch et les hourrah des Boches, leur émotion de venger, sur ce palladium de la France, leur désastre de la Marne, les empêchèrent-ils de songer à leurs camarades abandonnés dans la cathédrale, et qu'alors écrasait la chute des solives ardentes, et que torturait le plomb fondu, et que flambait la paille de leurs litières allumée par les étincelles, et que la mort abolissait entre les mains de sauveteurs téméraires ?

Qu'importait cette horreur au Barbare ? Il savourait l'affreux délice de la vengeance. Il espérait que l'incendie avait corrodé, effacé les bas-reliefs intérieurs, dispersé d'illustres vitraux, anéanti, dans le palais archiépiscopal, la salle pour le banquet des sacres, et les appartements du roi. Cela compensait la perte de la Champagne à demi reconquise par les troupes de Joffre.

De Witry jusqu'au sud des collines qui prolongent ce fort vers Berru et Nogent-l'Abbesse, les longues flammes jaillirent, quatre ans, de mille batteries masquées dans les bois, enfouies dans les creux, cachées dans les ruines des hameaux, installées dans les emplacements que nos sapeurs autrefois jalonnèrent et terrassèrent pour assurer la défense de la Champagne, et qu'avait dû livrer d'abord l'armée vaincue de Charleroi sans que les put ressaisir ensuite l'armée victorieuse de la Marne à bout de souffle, d'héroïsme et de munitions.

―――――――――

IV

Par les routes que l'artillerie laboura, je suis monté
vers l'est de Reims, jusqu'au fort de Witry. Les Allemands, dès l'automne de 1918, l'ont abandonné. Pourtant, au milieu de janvier 19, les grenades oubliées par
eux, à l'entrée du bâtiment, restent là. Les unes sont
collées en file sur une planche qui gît dans la ronce.
D'autres, noires et rouges, isolées, semblent pareilles
à des jouets d'enfants. Il faut marcher avec la plus
attentive précaution, sautiller même entre ces engins
toujours dangereux. Les deux soldats qui m'accompagnent les inspectent à distance. Il importe de ne
toucher rien, ni du pied, ni de la canne, pas même ces
barbelés que la rouille colora, et qui, peut-être, relient
une machine infernale au geste possible d'un impru-
dent. La mort guette encore dans toutes les mottes.
. Devant nous le pont du fort enjambe un large fossé
où des abris subsistent, béants. Au fond de ces trous
vécurent tant de terreurs. Au fond de ces trous râlè-
rent tant d'agonies allemandes. Là s'est écroulée une
partie du bastion que nos 420 défoncèrent. Basse, couverte d'un talus gazonné, la façade se dissimule derrière le rempart extérieur. Elle s'ouvre, par un porche,
sur des salles pleines de décombres et de machines
rompues. Mes guides interdisent d'y pénétrer. Des
mines à retard y furent peut-être installées par les
Boches avant de partir. Nos soldats du génie ne firent
qu'une inspection sommaire, dès notre reprise de pos-
session. Donc nous nous arrêtons sur le seuil devant le

mystère de ces arcades obscures. Ombre qui recèle quelques pièges encore dressés par les Barbares afin d'anéantir des vies françaises après l'armistice même.

Or, dans ce quadrilatère de moellons, de ciments durs et de terres comprimées, depuis l'automne de 1914 jusqu'à l'hiver de 1918, l'esprit des états-majors allemands a décidé la destruction quotidienne de Reims et de ses glorieuses églises. Sceaux magnifiques laissés en cette région par l'art des siècles romains, mérovingiens et capétiens, par la foi libératrice des croisades, par le génie de la civilisation méditerranéenne, par l'énergie des Gaules latines recomposant, avec les légistes et les évêques de Charlemagne, de Philippe-Auguste, de saint Louis, avec les communes et leurs états-généraux, avec Jeanne d'Arc et Charles VII, la patrie que tant de fois et vainement divisèrent les féodaux, fils, étrangers toujours, de nos envahisseurs germaniques.

L'espoir d'anéantir à jamais, dans la Cathédrale des Sacres, l'esprit même de la nation encyclopédiste, fut-il la cause de cet acte sauvage qui souleva la réprobation des peuples aux Asies comme aux Amériques ? Les savants de Berlin, les généraux de Ludendorff, les inspirateurs des Hohenzollerns eurent-ils vraiment cette pensée ? L'avoueront-ils ? Découvririons-nous ainsi le motif insensé de ce crime contre une beauté de l'intelligence humaine, bien de toutes les élites, de toutes leurs descendances?

Ce fort de Witry c'est maintenant, pour nous, comme une sorte de crâne colossal, en quoi fut médité, calculé fermement un des rares forfaits historiques que l'on décida contre telles œuvres magnifiques du génie. L'orgueil d'Erostrate, quand il condamna le temple d'Éphèse, le fanatisme d'Omar quand il raisonna bêtement contre la bibliothèque d'Alexandrie s'expliquent par la passion de la vengeance, et le délire de l'apostolat religieux, à des époques où ni l'un ni l'autre de ces frénétiques ne soupçonnaient la valeur éducative d'un monument sublime, d'innombrables livres enfermant les trésors de la science hellène. En notre temps il n'existe pas un officier même prussien qui n'ait, son Bœdeker sous le bras, joué au touriste dans les villes d'art, durant ses congés, à tout le moins penpant son voyage de noce. Nul ne peut admettre l'explication d'une ignorance préalable, ni d'un béetisme national. Le forfait de Reims demeure dans le mystère. Par ce crépuscule de janvier 19, devant cette bâtisse remplie de ses décombres, probablement truquée par les artilleurs teutons pour des catastrophes déchiquetant les vies de pèlerins téméraires, il semble que le satanisme des Méphistophélès gîte encore dans cette ruine, malgré la retraite de ses armées par delà le Rhin.

Très pieusement il faut donc accomplir le pèlerinage, monter à Witry, de là contempler aussi, dans cette échancrure des coteaux, la face violette et lointaine de la cathédrale, la sainte face des Gaules frappée, quatre ans, par la furie des Barbares, comme fut la face du dieu à la couronne d'épines avant la crucifixion.

Il convient de s'arrêter devant la morne plaine et la silhouette de la basilique, en supposant ce que pensaient les artilleurs teutons devant leur victime de pierre, devant la splendeur qu'ils souhaitaient anéantir: cette face violette, lointaine, suspendue, dans les brumes, et que coiffent les deux tours. Visage de l'esprit qui recréa la nation.

Lorsque je fus à Witry tout demeurait en l'état du dernier feu. Au départ, les Boches avaient, sur la place, laissé des parties d'équipements, des cartouchières, leurs grenades préparées pour le combat, des outils, des fusils brisés. En arrivant, les nôtres n'avaient point ramassé cela. Peut-être une section du génie avait-elle seule exploré le lieu rapidement, puis continué sa tâche à la suite des Barbares enfuis mais semeurs de pièges derrière eux.

Ils laissaient aussi des cimetières humides, aux noms tudesques effacés par l'hiver sur les croix de bois, et que protègent les courbes de barbelés larmoyant avec la pluie. Partout ces groupes de tombes allemandes marquent les lieux où nos tirs atteignaient, interdisant l'accès de Reims et de ses banlieues. Il en est autour des batteries qui bombardaient plus intensément la ville, et que nous tentions de réduire au silence. Tel ce terre-plein à droite du fort de Witry, derrière lequel flamboyèrent, tant de mille et mille fois, quelques pièces dont les obus ruinèrent une précieuse fraction de la cité.

De buissons en buissons, monte le chemin du sud qui relie les défenses orientales de Reims, occupées depuis septembre 1914 par les ennemis. Il longe, à droite, cette triste plaine de ronciers, de touffes flétries, de tombeaux envahis par les mauvaises herbes. Il s'élève doucement vers les bois et les ondulations de terrain masquant le deuil de la ville. Quatre ans, ce paysage fut le décor où méfirent les Barbares en attendant l'heure de la capitulation toujours annoncée pour bientôt. Sous l'uniforme vert-de-pré, combien ont tremblé de ces hommes qui s'étaient promis de se battre avec l'audace de Siegfried, la joie de Parsifal, la vertu brillante de Lohengrin. Combien s'ennuyèrent à ne voir point finir ce long siège meurtrier pour maints de leurs compagnons. Tant de Werthers décrivirent aux Charlottes leur lassitude en des lettres sentimentales et pleurantes. Évoquons les Fausts abondamment décorés, galonnés, qui veillèrent, dans les caves d'état-major sur les plans, sur les cartes relatives aux portées de leur artillerie, sur les documents et les livres de leur science militaire, afin de trouver un moyen pour rentrer en triomphe dans la cathédrale de saint Rémy, de Charlemagne et de Jeanne d'Arc. Songez aux nouveaux Hegel, essuyant leurs lunettes, après une lecture décevante des rapports, et qui s'exaspéraient devant cette résistance de Latins méprisables, enivrés d'une justice illusoire, si contraire à la doctrine positive de la force-droit. Il y eut des Treitschke, des Bernhardi en tuniques de capitaines ou de majors pour enrager à la vue de cette ville incendiée mais défendue. Les invisibles trajectoires de nos projectiles traversaient les frissons de l'air avec les bruits de la tempête, puis s'engouffraient au milieu des bivouacs teutons. Aussitôt hurlaien les agonies des Michels sous les grandes fumées sulfureuses et blanchâtres en essors vers l'obscur du ciel. Ainsi que leur maître Kant, lorsqu'il arpentait les remparts de Kœnigsberg pour méditer à l'écart sur la Raison Pure, bien des colonels fidèles à son enseignement durent se promener, solitaires, par ce chemin de Witry à Berru, dans les boyaux les moins exposés, en se demandant pourquoi le monde extérieur, irréel et douteux, ne se conformait point aux théories si bien déduites par l'élite des professeurs dans Heidelberg comme dans Iéna. Peut-être tel ou tel pénitent de l'évêque Strossmayer commença-t-il à douter là de la précellence morale quand il réfléchit aux prodigieux efforts de l'Angleterre militarisant tous ses peuples, plutôt que de pardonner le viol de la neutralité belge ; et aussi plus tard quand on aperçut le miraculeux élan des Yankees indignés, au delà des mers, par les férocités de l'amiral Tirpitz.

Que de Nietzsche, souhaitant de se réaliser en surhommes colossaux et parfaits, se disputèrent à la popote vraisemblablement avec d'ironiques Schopenhauer, en tenues de médecins, très prolixes pour expliquer le positif initial de la douleur dans une vie d'armée meurtrie par les obus latins, décimée par les bombes d'avions, diminuée par les grenades soudaines des assauts.

Toutes les idées allemandes espérèrent, en des milliers de lieutenants, de capitaines, et de généraux, l'agonie de la ville où s'était tant de fois reformée la puissance des Gaulois et des Latins.

Anéantir ce pouvoir éternel de résurrection, en détruire au moins les symboles, les monuments, la basilique des églises latines, les maisons mêmes de ce génie qui, sans cesse, augmente la richesse universellement célèbre de la Champagne. Unir ainsi l'obsession d'une victoire germanique à la renommée de ces vins célèbres et bus sur tous les points de la planète où les civilisés se veulent en joie courtoise, en gaieté polie, en fête élégante à l'*exemple des Français*, fut-ce au sein des forêts américaines, au bord des fleuves africains, au cœur de la brousse australienne, dans les ports de l'équateur et ceux des patries glacées, sur les mers que laboure l'étrave des paquebots, des croiseurs, des cargos mêmes. Attacher la mémoire de l'empire teuton à ce vin mousseux de Reims qui signifie, entre les pôles, et lui seul, les plaisirs des maîtres, comme si mille autres vignes n'avaient jamais pu, depuis les origines, suggérer aux différentes élites le goût de la liesse et la vision du bonheur. Changer cela, montrer à cet univers la joie latine esclave de la force germanique, la vie latine pliée sous la poigne des Teutons. Le montrer, enfin, et vraiment, après les innombrables tentatives commencées deux siècles avant le Christ, et déjouées par Marius dans la vallée du Rhône, par Aétius dans les champs de la Marne, par les volontaires de 92 dans la forêt d'Argonne, par les poilus de 1914 dans les marais de Saint-Gond. Placer sous les ruines ce démenti de vingt-deux siècles à l'orgueil germanique, et à son esprit de domination. Ce fut évidemment la pensée qui détermina les chefs des canonniers prussiens.

V

Or, elle survit, notre église des sacres.

En vain l'opiniâtre furie des Barbares l'a, cinq ans, accablée sous les catastrophes que provoquèrent ses artilleries. En vain les nouveaux Méphistophélès enveloppèrent d'incendies le miracle de l'édifice. Il reste debout en ses lignes de majesté, plus semblable à la douleur que symbolise le martyre partout sculpté de son dieu. La cathédrale de Reims nous sera désormais une face de la souffrance créatrice, comme Jésus en croix.

Altière et pâle, intacte d'abord pour la vue des pèlerins qui l'aperçoivent à distance, la cathédrale, bien haut dans le ciel, dresse ses deux tours au centre de cette ville criblée, partout effondrée, mais pleine de gens actifs. Le soleil de la rosace, quoique vidé de ses nuances, éblouit encore les admirateurs. Les fantômes des saints, des saintes, des rois, paraissent, toujours, et en foule, dans les tympans des porches, à tous les étages des amples façades, sur les galeries extérieures, dans les niches des pinacles. Plusieurs de ces images resteront mutilées par le fer, rongées par le feu, sans que soit détruite la vie profuse dont l'art médiéval sut intelligemment peupler les espaces de pierre. Sourire de la Vierge, extases des voyants, noblesse des princes, tortures des martyrs, malices des pécheurs, éloquence des évêques, simplicité des pieuses femmes : la plupart subsistent après le cataclysme qui les voulut abolir.

Jamais ne fut mieux accomplie la parole que le Christ

adressait à l'apôtre fondateur : « Pierre, tu es pierre. Sur cette pierre je bâtirai mon Eglise, et les forces de l'enfer ne prévaudront pas contre toi. » En effet, elles ne purent d'aucune manière prévaloir. Si la flamme des incendies a corrodé, presque effacé nombre d'attitudes diverses, si les éclats de fer ont décapité bien des anges, amputé les gestes d'imploration ou d'accueil, arraché les draperies des vierges, cassé les ailes d'annonciateurs, effrité des colonnes et rompu des arceaux; pourtant toutes les existences des messagers célestes, des personnages bibliques et des évangélistes demeurent évidentes, après leur martyre. Elles attestent. Elles vouent à la réprobation des siècles le délire de l'enfer déchaîné cinquante-deux mois contre l'impérissable chef-d'œuvre que conçut la fraternité chrétienne à l'apogée de son art. La cathédrale de Reims impose aux siècles la perpétuité d'une splendeur plus vénérable pour le nombre et l'excès des stigmates infligés à son corps par l'inutile cruauté du Satan germanique.

Non, les forces de l'enfer n'ont point su prévaloir devant les pierres sacrées. Ni les premiers obus de 150 que les batteries allemandes envoyèrent du sud-est, le 4 septembre 1914, sur la ville hélas évacuée par la retraite des troupes françaises, déjà souillée par l'apparition des éclaireurs et des réquisitionnaires teutons; ni les obus qui ce jour-là fracassèrent les vitraux inférieurs des bas côtés, du transept, qui frappèrent la Vierge de la Visitation avec l'un parmi les apôtres debout dans le portail méridional, qui trouèrent, éventrèrent, déchiquetèrent, tuèrent cinquante paroissiens femmes et marmots, qui jetèrent leur sang et leurs chairs éparses contre les murs des rues, qui en blessèrent et mutilèrent cent trente autres; ni les derniers projectiles de 1918 qui décapitèrent le « beau Dieu » du transept nord, qui, au transept sud, dispersèrent la statue de la Religion Chrétienne, qui emportèrent les têtes

des deux prophètes archaïques; ni les milliers de projectiles qui, dans l'intervalle des quatre années tragiques,
éraflèrent les façades, écornèrent les chapiteaux, défoncèrent les toitures, pilèrent les cent mille maisons de
Reims, les brûlèrent, y massacrèrent des familles dans
les fournaises; ni les bombes lâchées du haut du ciel
par le vol des démons vers la cité sanglante, criante
et flambànte, n'ont détruit cette complète synthèse
d'art et de souvenirs latins [1].

1. Il convient de rappeler ceci. Dès la mise en fuite d'Arioviste
et de ses Germains par César, la tribu des Rèmes se rallia franche-
ment à la civilisation romaine. Bientôt l'influence de Reims obtint
la vie sauve pour les Lingons révoltés, assiégés dans *Novodunum*,
puis la paix pour les Sénons ayant refusé le chef que leur dési-
gnait César. Lui-même séjourna dans la ville. Elle demeura fidèle
aux légions, lorsque toutes les Gaules s'unirent à l'audace de Ver-
cingétorix. En 69, les Rèmes disaient à ceux les priant de soutenir
la cause de Sabinus et de Civilis le Batave : « Pourquoi troquer le
titre de membres du grand Empire contre celui de sujets des Germains ? » Reims demeura la capitale du latinisme. Son rhéteur
Auspex empêcha les populations de participer aux mouvements
séparatistes de Vitellius. Le clergé perpétua la tradition après l'avènement du christianisme.

VI

Dans la première basilique consacrée à la Vierge, l'an 400, par saint Nicaise, avant qu'il ne périt sous le glaive des Vandales, saint Remi quatre-vingt-seize années plus tard, baptisa Clovis dès le désastre des Alamans. Le lendemain de Tolbiac, fut donc, là, préparée l'assimilation entière des Francs avec les peuples jadis instruits dans les camps romains, ensuite dans les églises, au chant des psaumes latins. Cette œuvre immense fut méditée là, dans la cité de Reims, par ce fils d'Æmilius comte romain de Laon, par ce jeune prodige désigné pour la prélature, à peine majeur, selon le vœu du peuple comme du clergé. La victoire intellectuelle des Gaules sur les envahisseurs fut marquée là. Le génie du saint n'avait pas ignoré les ambitions secrètes du chef franc, celles même de tous les Barbares qui, voisins de la civilisation et des arts conçus près de la mer Tyrrhénienne, désiraient ardemment leur admission dans la société porte-toge, afin de parader entre les autres chefs germaniques. Le soin de satisfaire cette ambition, d'obtenir, pour Clovis, la robe de pourpre, le sceptre d'ivoire et les insignes consulaires envoyés de Rome, par l'empereur Anastase, assurera le salut des Gaules. Las d'avoir six siècles, avec les Césars, repoussé, chassé les Barbares dans leur forêt germanique, puis les Vandales et les Huns successivement opiniâtres pour franchir la tranchée du Rhin, pour ravager au delà, nos aïeux se résignèrent à dominer, par le seul pouvoir de l'esprit, tant de multitudes que leur nombre et la perpétuité de leur entêtement opposaient sans fin à la fatigue de nos légions. Le jour où Clovis lui renvoya le vase d'argent pris à la cathédrale de Reims par ses pillards, saint Remi comprit la valeur de cette avance. A tout le clergé, élite nombreuse de la nation, ce politique clairvoyant proposa d'échanger contre la force certaine de Clovis la faiblesse trop évidente de Syagrius vaincu devant Soissons, enfui vers Toulouse, puis livré par les Visigoths d'Alaric, et sacrifié. Conformément à la tradition de Rome, l'évêque de Reims et ses pairs, les moines des abbayes, les prêtres des paroisses, encastraient dans l'armature latine cette vigueur neuve des Francs Saliens déjà séduits par le contact des mœurs gallo-romaines durant leurs immigrations et leurs séjours en pays frisons, bataves, belges. Héritière de la pensée romaine, l'Eglise baptisait. Le baptême métamorphosa pour toujours en gallo-romains les guerriers de Clovis. Ainsi l'Église les sépara du monde germanique à jamais.

Dans l'humble basilique de Saint-Nicaise, romane et trapue, aux piliers massifs, aux cintres bas, sous lesquels Grégoire de Tours voulut se faire sacrer évêque devant le roi Sigebert, la France fut constituée, avec sa force, avec les virtualités de ses triomphes futurs. Désormais l'esprit latin du clergé possédera un bras jeune et puissant pour remplacer les mains vieillies de Rome. En leurs cottes de mailles, le bouclier, la lance au poing, les ducs de Champagne, Loup, Wintrion, Wimar, Dreux, les Clotaire, les Pépin, les Chilpéric, les Ebroïn et les Charles-Martel vont apparaître. Des barons casqués, leurs cavaleries de fer, leurs foules d'archers, donneront à l'Église des Gaules, à son Sidoine Apollinaire, à son Grégoire de Tours, les pouvoirs indispensables dans la lutte contre les Visigoths d'Aquitaine, contre les Teutons des forêts germaniques, contre les Arabes

de Provence et de Gascogne. Sur cet humble parvis,
devant les évêques et les papes, gardiens de la loi
romaine, défileront les cortèges aux olifants sonores
avec Pépin le Bref vainqueur des Souabes et des Lombards, celui de Charles-Martel vainqueur des Frisons et
des Sarrasins, celui plus splendide et plus nombreux
de Charlemagne vainqueur des Lombards, des Saxons,
des Avares, des Arabes, empereur des Gaules intégrales
depuis le Rhin jusqu'à l'Atlantique, depuis les Alpes,
le Littoral et les Pyrénées jusqu'à la Manche, et portant, au chef, la couronne impériale bénite pontificale-
ment dans Saint-Pierre de Rome [1].

Avec lui la France a vécu totale. A son exemple,
dans l'avenir, les rois s'évertueront pour rétablir l'intégrité du domaine, pour maintenir la frontière du
Rhin, pour l'atteindre de nouveau, quand les partages
des héritiers, les invasions ou les usurpations des Barbares en auront indûment écarté l'oriflamme de Saint-
Denis.

Fils d'Himiltrude, la nourrice de Louis le Débonnaire,
élevé avec ce prince dans l'apparat de la cour, dans
l'école palatine d'Alcuin, l'archevêque Ebbon jugera
l'antique sanctuaire indigne de si hautes destinées, trop
exigu pour contenir les fidèles et la suite impériale qui
s'y pressent en 844, lorsque son frère de lait reçoit, du
pape Étienne IV, l'huile du sacre. Le prélat arrache
aux anciens remparts de la ville, avec l'assentiment
du souverain, les moellons réclamés par les fondateurs
du nouvel édifice, par le serf Rambaud, expert dans les
métiers de la charpente et de la maçonnerie. Les murs
s'élevaient. Le campanile déjà montait dans le ciel.
Mais voici que le partage prématuré de Worms suscite
la guerre intestine entre le souverain et ses descen-

1. En 805, le pape qui l'avait sacré, Léon III, fut reçu à Reims
solennellement par le vainqueur des Saxons.

dants, hostiles au frère du second lit, Charles le Chauve. Engagé bien à tort dans le parti germanique de Lothaire, Ebbon, de ses mains, dégrade celui que sa mère allaita, que des parricides attaquèrent, que le pape lui-même trahit, que l'indignation publique va réhabiliter en consommant, au concile de Thionville, la déchéance de l'archevêque, et en le contraignant de fuir très loin, chez les Saxons, chez l'ennemi.

A mesure que grandit l'église de Reims, la France parallèlement se reforme et s'apprend. Les Germains de Lothaire reculent à Fontanet, puis se dispersent. Le serment de Strasbourg et le traité de Verdun, pour imparfaits qu'ils soient, du moins garantissent la vie de la France latine (843).

Le successeur d'Ebbon reprend l'œuvre interrompue. Grâce à une érudition complète, ce moine de Saint-Denis juge entre les Germaniques de Lothaire et les Français de Charles le Chauve. Hincmar ne veille pas seulement à la construction de l'église, mais encore au développement du royaume, à son indépendance, à la restauration possible de son intégrité telle que Charlemagne la réalisa.

Hincmar travaille alors sans relâche avec tous les gens de Reims à l'achèvement de la basilique. Ainsi que ses grands devanciers, Nicaise, Remi, Martin, Grégoire de Tours, il influence les autres évêchés, les couvents, les abbayes, leurs écoles, leurs universités, les paroisses et les municipes de tout le pays. L'intelligence et la loi de Rome survivent dans ces élites tonsurées, parmi lesquelles s'enrôle quiconque sait ou veut apprendre, quiconque lit, médite, réfléchit. Des guerriers demandent le froc. Ils communiquent leur bravoure aux moines en même temps que leur goût de la chasse et des femmes. A cette époque, le sens national des Latins se perpétue dans les cerveaux de ce clergé composite, audacieux, passionné, fidèle à sa tradition avec force. Tandis que les héritiers des empereurs et des rois se partagent la patrie comme un domaine particulier, sans guère entrevoir l'urgence de maintenir l'unité de la nation ni l'intégrité du territoire, tandis que les leudes, les ducs et les comtes songent uniquement à répudier la foi du souverain, fût-ce en devenant l'homme-lige de l'ennemi germanique, seule l'Eglise obstinément s'acharne. Elle recompose, chaque fois, la patrie morcelée, par les rivalités des princes, par les ambitions des seigneurs, par les appétits des héritiers.

Sans l'Eglise latine, nous eussions été la proie des Germains. Cent fois elle a sauvé notre indépendance par ses courages, ses diplomaties, ses habiletés, sa curieuse science de la logique, de la justice et du droit. Dans ses écoles cathédrales, dans ses écoles épiscopales, dans les bibliothèques de ses abbayes, à l'Ecole palatine de Charlemagne, comme, plus tard, à l'Université de Paris, sous Philippe Auguste, l'Eglise catholique éduqua les jeunesses qui sauvèrent du germanisme les Gallo-Romains. Elle fut, dix siècles, la clairvoyance, le savoir des Latins.

Ce bas clergé pullulant au cœur des villes, ces foules de moines sous le froc, qui voyagent par les campagnes, de monastère en couvent, cette plèbe de clercs et d'escholâtres entassée sur la paille, autour des chaires célèbres où professent les Alcuin, les Eginhard, leurs émules et leurs disciples, ce sont les premiers patriotes de la nation. Ils endoctrinent les familles d'artisans, de petits marchands. Les légistes enseignent le droit romain à l'adolescence élevée selon la langue des litanies et des psaumes. Echevins, baillis, magistrats, jugent sous l'influence de ces gens qui citent Epictète et saint Paul, Sénèque et saint Jean. Dans la halle aux draps, comme autour du pilori montrant aux badauds le larron et l'adultère garrottés, des moines proclament à tue-tête les vérités de Jésus et les vérités de Caton. D'après leurs doctrines, les munices sauvegardent les franchises du temps romain. Ils luttent contre le baron pillard et déprédateur. Ils en appellent à la justice du roi. Les abbayes font respecter leur droit d'asyle. Elles accueillent des réfractaires, des fugitifs que la tonsure et le froc peuvent soustraire à la vengeance du féodal. Lui-même est bien obligé de recourir aux moines, à leurs légistes, quand il lui faut un acte pour apposer, au bas, la croix d'une signature. Eux seuls savent rédiger un message quand le comte veut marier ses enfants, inhumer ses morts, cloîtrer ses frères rebelles, guérir son mal ardent, répudier sa dame sous un prétexte canonique, obtenir une intercession de l'évêque auprès du *missus dominicus*, ou se faire expliquer les injonctions du capitulaire impérial, ou se dérober à l'excommunication qui, soit pour le meurtre d'un petit prêtre soit pour la pillerie d'une pauvre chapelle, le mettrait hors de la société chrétienne, l'isolerait dans son donjon. Le moine est nécessaire. Aussi, le Franc aux longues moustaches et à la chevelure ronde redoute-t-il le seigneur évêque, son clergé, la milice déjà plus nombreuse des corporations, les prophètes de carrefour, les bandes poudreuses de ces pèlerins qui s'ameutent. Le baron, ses hommes d'armes et ses valets ignorent si cette gent tumultueuse ne devance pas tel autre saint Remi, tel autre saint Grégoire qu'écoutent trop le duc et le roi, peut-être même Notre-Dame la Vierge, patronne de cette grande église en construction. Ce sera bien plus beau que la salle de poutres et de pierres humides, dans la tour, où le noble, ses concubines aux longues tresses et ses chiens roux sommeillent, larmoyants, étourdis par la fumée de l'âtre, devant les boucliers suspendus, après un repas de venaison mal cuite.

Or, voici que le roi Charles vient de sa personne, en

tête de sa chevauchée, pour faire à ce moine de Saint-
Denis plus d'honneur qu'à tous les leudes, et dédier
la neuve cathédrale. Accourus des campagnes voisines, une enfance boueuse, les serfs barbus en capu-
chons, leurs petits et leurs femelles, nu-pieds sous
les haillons, encombrent les avenues, les ruelles de
Reims, le marché aux moutons, le marché aux bœufs,
le parvis de la cathédrale. Ils crient. Ils se rebiffent.
Ils chantent. Ils se pressent autour des moines debout
sur les bornes, sur les margelles des puits, sur
les marches des calvaires : ces prophètes impudents
annoncent que les premiers seront derniers au
royaume du ciel (862).

Et le roi s'émerveille de la cathédrale. Il admire le toit
de plomb. C'est le serf Rambaud qui lui vante la solidité. Le cortège foule respectueusement le marbre poli
des dalles. Aux voûtes, les apôtres, les anges, l'empereur du ciel apparaissent comme s'ils étaient véritables,
dans leurs manteaux de couleur, leurs souliers peints,
et devant leurs auréoles. Solennel autant avec sa crosse
à joyaux et la lumière de sa mitre, l'archevêque semble
ici, parmi ses évêques, le maître. Le sceptre à la fleur
de lys paraît si court. Le manteau de pourpre et la
tunique, le bonnet de drap rouge au cercle d'or déco-
rent peu l'allure du monarque trop large, embarrassé
par la longueur et la lourdeur du glaive qui lui pend
du col aux genoux. Entre ses gens de guerre qui
retentissent, il se tait. Hincmar parle. L'archevêque
de Reims parle entre les évêques, et debout devant l'autel qui resplendit, qui les honore de ses feux, dirait-on,
ainsi que les honore la masse de ce clergé compact,
sévère, arrogant, vêtu d'orfroi, de broderies. La bure
même sur les épaules de moines paraît ample et
majestueuse. Ces gros livres, ces reliquaires, les rou-
leaux des chartes qu'ils tiennent en leurs mains
n'impressionnent pas moins que les talismans des

mages. De là tant d'idées s'envolèrent, qui ont commandé.

Le roi s'est assis en son trône, face au tabernacle. Mais les leudes, les barons restent debout, et silencieux, sous leurs chapeaux de fer, et craintifs si leurs éperons tintent. Ils sentent que la puissance du prince sort de ce clergé qui le soutient contre les prétentions des féodaux, qui se groupe autour de la justice souveraine, qui lui procure des raisonnements, des textes, des exemples anciens, des coutumes écrites, et qui fomente les émeutes des citadins, et qui racole leurs milices.

A la voix de cet Hincmar impérieux, les aumônes, les dons s'accumulent; les collèges, les hôpitaux sortent de terre, les moustiers, les chapelles, les calvaires. Tout à l'heure son conseil va-t-il encore prévaloir? Faudra-t-il entreprendre une rude guerre pour réunir la Lorraine aux biens du roi chauve, ou pour combattre mieux ces Normands cruels qui refoulent l'eau des fleuves sur des barques rapides, et qui, la torche et le hast au poing, pillent, dévastent, incendient, rançonnent, massacrent, réduisent en la pire servitude. Ne pourraient-ils même chasser de Reims Hincmar, prophète clairvoyant, et le contraindre de finir ses jours dans Epernay? Certains de leur belle taille, de leurs moustaches pendantes, de leurs volontés hardies, les Francs gronderaient sous les voûtes, sous la tribune pleine de chantres, de musiciens. Ils invectiveraient contre la victoire permanente de l'église latine. Ils blâmeraient son intelligence féconde en capitulaires limitant les vœux, les sures ambitions des nobles, et leur opposant une autorité royale qu'ils n'avaient point conçue de cette manière. Qui l'a fait roi, ce chauve, sinon eux, les porteurs de gonfalons, les meneurs de bandes aux haches lourdes et aux glaives courts, aux framées tueuses?

Pourtant ils n'osent; sans savoir pourquoi, ébahis par

l'ordonnance de la cathédrale neuve, par l'allure imposante des évêques, par les Saints et le Père qui
paraissent sur les voûtes, par les feux des cierges,
par la clameur des litanies rythmées [1].

1. Dans cette église furent sacrés les derniers carlovingiens et
les premiers capétiens jusqu'à Philippe Auguste.

VII

L'archevêque de Reims ne saurait être atteint sans que soit atteint le Dieu dont il exprime, avec une éloquence inouïe, la volonté, sans doute. Hincmar écrit le traité *De Ordine Palatii* qui précise le statut de la succession royale. Bientôt, comme le veulent, avec lui, les évêques de Metz, Toul, Verdun, et d'autres, la transmission du royaume de Lothaire aux mains de Charles le Chauve s'effectue en 869. Puis Hincmar organise l'enseignement des lettres et des arts. Il reconstruit l'église et le mausolée de saint Remi, l'hôpital de Notre-Dame. L'esprit de Reims brille. Son archevêque nouveau Foulques sacre Charles le Simple de préférence au rival. Le successeur de Foulques, Hérivel, sauve le roi menacé à Soissons par Robert le vainqueur de Rollon. Les Normands, les Germains d'Othon, après les Hongrois de 937, peuvent envahir et dévaster, les princes compétiteurs peuvent se combattre, l'autorité de Reims subsiste. Avec Artauld, le chancelier de Louis d'Outremer qui revendique si courageusement la Lorraine. Avec Adalbéron d'Ardenne intronisé dans cette même cathédrale en 969. Nul ne pourra le frapper, ni Lothaire, ni le roi Louis V, lorsque les évêques et leurs clercs, reconnaissant la faiblesse définitive de ces princes, méditeront l'investiture de Hugues Capet, le seigneur à la cape, puis l'hérédité royale de sa famille qui s'est acquis la principale des grandes provinces gallo-romaines, et le prestige du premier rang. Encore une fois l'Église change la dynastie régnante. Comme saint Remi a substitué Clovis à Syagrius, la force franque à la faiblesse romaine, comme Hincmar a recomposé la patrie après la mort de Charlemagne et séparé la Gaule de l'empire germanique, comme le clergé de Reims a, dès 946, favorisé le duc des Francs, ainsi, lorsque Lothaire et Louis V auront dû laisser toutes leurs villes successivement à la chance de Hugues le Blanc et des féodaux, l'archevêque Adalbéron va désigner aux paroisses, et seconder, par toutes ses influences, le premier Capétien.

En mai 987, parlant à l'assemblée de Senlis contre l'hoir des Carlovingiens, oncle du feu Louis V, et qui avait reçu de l'empereur allemand Othon II, en homme lige, la Basse-Lorraine, Adalbéron s'écriait : « Nous n'ignorons pas que Charles a ses partisans. Ils affirment qu'il doit succéder à ses parents sur le trône de France... Non. Le sceptre ne s'acquiert pas seulement par droit héréditaire. Nous ne devons remettre la couronne qu'à celui recommandé, non seulement par la noblesse du corps, mais aussi par la dignité de l'esprit, par l'honneur !... *Comment confier le destin de l'Etat à celui qui perdit le sens jusqu'à la honte de servir un empereur étranger ?* »

Cette apostrophe solennelle d'Adalbéron, c'est toute la doctrine politique de l'Eglise gallicane et latine. Pour avoir reçu l'investiture du monarque allemand, le dernier Carlovingien tombe sous l'anathème de Reims. Adalbéron ne pardonne pas le martyre de saint Nicaise décapité par les Vandales. Il ne veut pas, ni lui, ni son clergé, de pacte avec l'ennemi ; avec l'éternel ennemi.

Et la nation pense de même. Depuis le ve siècle, Reims entraîne l'assentiment du peuple, Reims consacre les prétendants au trône. Le clergé dirige avec autant de clairvoyance que d'autorité la politique de

P. ADAM. 3

l'élite. Rien ne s'accomplit d'essentiel si les successeurs de saint Remi, les évêques et les princes des abbayes n'y consentent. Ce sont eux qui vont imposer le Capet aux Gaules latines. Lui-même aura grand soin de se maintenir en accord avec les gens de Reims, tantôt par l'obéissance, tantôt par l'intimidation. Quoi qu'on ait dit, et malgré ses pertes de territoires, Hugues scrupuleusement observera la doctrine de l'Eglise qui veut la séparation absolue entre le royaume de France et l'empire des Allemagnes.

Adalbéron fêta le succès de sa politique par un agrandissement du sanctuaire auquel il joignit l'espace de trois travées, et par la mise en place de vitraux où de pieuses histoires étaient peintes. La lumière divine ainsi vivifia les apparitions des saints à qui elle se mêlait, qu'elle traversait afin de porter leurs âmes de pourpre, de ciel, d'or et de nuit parmi les fidèles en méditation.

Fâché de voir Hugues Capet, trop soucieux de la paix avec les Allemagnes, renoncer à la Lorraine que l'Eglise tient pour française, le clergé de l'archevêque Arnoulf, successeur d'Adalbéron, appellera Charles de Lorraine qui a brisé son lien de vassalité germanique et que, pour cela, ont proclamé Seguin, archevêque de Sens, puis ses diocésains, le comte de Vermandois, le duc de Haute-Lorraine. Charles s'empare de Laon. Il est reçu dans Reims. Il entre à Soissons ; mais livré par trahison aux gens de Hugues Capet, il succombera dans sa prison d'Orléans. Toute une partie du clergé ne lui avait point pardonné son hommage à l'empereur Othon, et se souvenait de l'anathème prononcé par Adalbéron d'Ardenne à Senlis.

Loyal envers la tradition de Reims, le fils d'Hugues Capet tenta de récupérer la Lorraine. Il se fit par elle proposer la couronne impériale, en 1024. Trop faible pour lutter contre ses concurrents, il se contenta de pénétrer en Bourgogne avant Eudes, comte de Champagne, à qui son ambition coûta la vie [1].

1. Le rôle des archevêques de Reims fut, au xe siècle, prépondérant. Après Seulf, vint Artauld qui couronna Louis d'Outremer, qui reçut le comté de Reims avec droit de battre monnaie, et la suprématie financière, juridique, militaire, qui sacra reine la vaillante Gerberge, qui défendit la ville contre les entreprises du duc de Normandie, et de ses alliés, qui lutta contre les trahisons des grands feudataires, les armes à la main, reprit Reims à Hugues de Champagne, suscita les synodes et le concile nécessaires à la confirmation de ses idées, qui sacra Lothaire. Odalric ensuite s'allia opportunément avec Brunon, le puissant archevêque de Cologne, recueillit son dernier soupir, et maintint la vitalité du royaume, malgré la prédominance de l'empereur Otton le Grand. Adalbéron fut un très curieux idéologue visant à latiniser l'empire germanique et le royaume de France, à reconstituer le domaine romain de Constantin, et qui, pour réaliser cette synthèse de génie, sut avec l'érudit Gerbert, le futur pape, mouvoir en tous sens les ambitions allemandes, comme les ambitions nationales; politique fort mal comprise par les historiens. Arnoulf, enfin.

VIII

Voici venu le temps où un disciple de Reims fera
surgir de France la plus puissante, la plus opiniâtre
des ligues qui se soient armées pour affranchir au
loin des opprimés, pour briser les fers d'un peuple
esclave, pour abattre la tyrannie des Barbares, pour
imposer la justice. Un jeune Champenois de Lagery se
rend à l'école de la cathédrale. Il étudie fervemment.
Il écoute l'escholâtre, qui sera plus tard saint Bruno,
lui dicter une philosophie inspirée par les Epîtres de
saint Paul, par les Psaumes, par une ample science,
par la vertu sévère qui fondera l'ordre des Chartreux.
Urbain comprend. Son intelligence étonne. Elle lui
vaut des honneurs. Archidiacre de Reims, il se pé-
nètre mieux de l'esprit que l'Eglise y cultive. A son
tour, il va le commenter dans une chaire de prieur,
devant les moines de Cluny. C'est de là qu'il par-
tira pour Rome où Grégoire VII lui donnera la
pourpre. Le fils spirituel de Reims coiffera la tiare des
papes. Un jour, durant le concile de Clermont, il haran-
guera la chevalerie française afin qu'elle délivre la
chrétienté d'Orient, et rompe le joug odieux des Sarrasins.

Et la chrétienté tout entière répondra : « Dieu le
veut ! »

L'esprit de Reims, par la voix d'Urbain II, son disciple, a donc engendré tout l'élan des Croisades.

Constantinople, Jérusalem, tombent aux mains

de l'élite latine. Elle y laissera son empreinte à jamais.

Centre de cette pensée gallo-latine, et tellement, Reims devait plus tard attirer fatalement vers soi la cupidité de l'éternel ennemi, le Germanique. En 1124, l'empereur Henri V, contre la cité, dirigea les masses de ses Teutons.

Immédiatement, l'Eglise souleva le peuple. La noblesse rassembla ses bannières. « Quand, de tous les points du royaume, écrira l'abbé de Saint-Denis, Suger, notre puissante armée fut réunie à Reims, il se trouva une si grande quantité de chevaliers et de gens de pied, qu'on eût dit des nuées de sauterelles qui couvraient la surface de la terre, non seulement sur les rives des fleuves mais sur les montagnes et dans les plaines. Le Roi ayant attendu là une semaine tout entière l'arrivée des Allemands, les grands du royaume se préparaient aux combats. Ils disaient entre eux : « Marchons hardiment aux ennemis ! Qu'ils ne rentrent pas dans leurs foyers sans avoir été punis, et ne puissent dire qu'ils ont eu l'orgueilleuse présomption d'attaquer la France, la maîtresse de la terre. Que leur arrogance obtienne ce qu'elle mérite, non dans notre pays, mais dans le leur même. Les Français l'ont subjugué. Il doit leur rester soumis en vertu du droit acquis de souveraineté. Ce que les Allemands projetaient de reprendre furtivement contre nous, rendons-le-leur ouvertement. Il faut les égorger sans miséricorde comme des Sarrasins et abandonner sans sépulture aux loups et aux corbeaux les corps de ces Barbares !... »

Louis le Gros, sa chevalerie et son clergé se dressèrent ainsi résolus dans la plaine de Reims. A leur vue, Henri V, très piteusement, s'épouvanta. Il partit emmenant sa multitude, sans avoir osé. L'esprit de Reims avait encore protégé la nation.

Aussi, pendant les années qui suivirent, la cathédrale fut allongée, pourvue d'un portail nouveau et de deux tours. Elles devaient être aussi hautes que le juste orgueil de la Champagne, car ses comtes, Thibaud Ier et Thibaud II le Grand faisaient alors, de leurs immenses domaines féodaux, une sorte de royaume qu'ils disputaient au pouvoir central et qui comprenait les provinces de Brie et de Chartres. Thibaud II le préférait à la couronne d'Angleterre. Elle fut offerte par les seigneurs normands à ce petit-fils, par les femmes, de Guillaume le Conquérant.

Reims fait donc figure de capitale. Aux cérémonies du sacre, l'inoubliable défilé des ducs, des comtes, de la cour, des prélats, laisse dans la ville, et pour des ans, le goût de la vie luxueuse. Inutilement les poètes comme Etienne de Fougères répètent : « Vaine est la joie de ce monde ! » et que les traîtres, les ingrats, les parasites empoisonnent l'existence même des rois, et que les princes de la terre dépossèdent les humbles pour enrichir les vices des courtisans, et qu'ils passent leur temps à courre le cerf avec des chiens en criant et cornant au lieu d'accomplir le bien, de faire justice, de pendre haut et court ceux prêchant la guerre ou la discorde.

N'importe. Le peuple se souvient du faste, des tournois, des flambeaux, des festins en musique, des dames somptueusement adornées sur leurs haquenées blanches. Le bourgeois imite cette magnificence. Le vilain boit ou se débauche à l'exemple des écuyers : « Diex aïe ! je ne faz que li reis ne face » réplique-t-il au confesseur qui le blâme. Le clerc lui-même se prélasse. Il s'esbaudit avec de scandaleuses amies, et il insinue cinq sous dans la main de l'archidiacre chargé de la réprimande afin de l'amadouer. Les satiristes du xiiie siècle, quoique bien sévères apparemment, témoignent de l'activité de la vie sociale à l'époque.

Les passions jouent leur rôle à l'excès. Les ambitieux, les cupides, les voluptueux se démènent pour réussir en leurs fins dans toutes les classes de la société. Des habiles gagnent des fortunes. Ils bâtissent. Les marchands ajoutent aux cités des boutiques et des faubourgs où les artisans besognent. L'orgueil gonfle les abbés, les évêques, les chanoines, les chevaliers. Un peuple de brodeurs d'orfèvres, de tailleurs, de corroyeurs s'exténue pour les vêtir, un peuple de laboureurs pour les nourrir. Ce ne sont que bals, bombances et joutes. Les censeurs demandent que l'on dégrade à l'église les chevaliers indignes, trop prompts à bâtonner le serf et à le mettre aux fers, s'il ne leur donne pas tout son grain, s'il ne se rend point à la corvée, s'il ne leur porte pas son oie grasse et sa poule. Les marchands pullulent. Le poète les accuse de tromper sur le poids et sur la denrée, de vendre à crédit en augmentant alors le prix des objets ce qui est usure, ou bien en exigeant des acheteuses les secrètes complaisances. Sans doute ne faut-il croire à toutes ces diatribes. Elles permettent surtout de concevoir le mouvement continuel des intérêts, des vertus et des vices dans les grandes villes semblables à Reims. De fait, l'élégance exigeait pour se satisfaire un commerce nombreux et inlassable.

Mais ce monde professait aussi de sublimes vertus. Sur le parvis de la cathédrale la croisade fut prêchée. Or, pendant deux siècles, maint et maint Champenois ira batailler, mourir en Palestine, dans l'espoir de sauver là-bas ses frères chrétiens que le Turc Seldjoucide opprime. La plupart abandonnent plaisirs, amies, chasses, venaisons, coupes de vin clair, pour endosser la cotte de mailles, coiffer le chapeau de fer et s'en aller souffrir au soleil d'Asie, devant les murs d'Antioche, de Damas ou de Saint-Jean-d'Acre.

L'Eglise continue à guider le monde latin vers le

sacrifice en l'honneur d'une idée libertaire. De France continûment jaillit l'élan de la chrétienté qui réunit ses étendards, abdique ses rivalités, court sus aux Barbares d'Orient, sous les oriflammes de Louis VII, de Conrad III, de Barberousse, de Richard Cœur de Lion et de Philippe Auguste.

N'est-ce point là comme une ébauche première de la Société des Nations agissant, avec une armée internationale, contre un peuple de Barbares?

Que la France est déjà la France !

IX

Au retour de Saint-Jean-d'Acre conquis par les bravoures de l'Angleterre et de la France, le prince latin,
ayant déployé toutes ses vigueurs pour restituer à sa
patrie la Normandie, le Maine, la Touraine, l'Anjou,
l'Amiénois, le Vermandois, l'Aquitaine, redoutait, en
1209, une alliance offensive entre Othon de Brunswick et
Jean sans Terre. Philippe Auguste pria l'archevêque de
remettre en état les remparts de Reims, d'accepter
400 livres tournois, de convoquer, pour la défense, des
maçons et des architectes. Ils étaient encore à l'œuvre
dans le moment où un subit incendie dévora l'ancienne basilique et tout un quartier de la ville déjà
fort riche en laines, en draps, en vins, en écus son-
nants et trébuchants, en maisons opulemment meu-
blées de tapisseries, de bahuts et de lourdes argen-
teries, de ce que les Croisés vainqueurs rapportaient
d'Orient.

À l'heure où l'esprit de la France avait enfin réussi
à former, pour la justice et le droit chrétien, cette extraordinaire coalition des Croisades contre les Barbares
Seldjoucides, à cette heure même d'enthousiasme
national, l'archevêque fut conscient de toute notre force
spirituelle et de son influence. Il se proposa de substituer aux débris fumants une cathédrale magnifique,
digne du génie gallo-romain, semblable à celle de
Noyon, de Laon, de Paris et de Chartres. Aubri de
Humert la demanda vite aux talents de l'architecte
champenois Jean d'Orbais. Immédiatement les maçons

du pays travaillèrent. Les sculpteurs créèrent le peuple
des statues qui en animerait toutes les parties, qui
devait accueillir au dehors les fidèles en leur jouant
les grandes scènes de la tragédie chrétienne, et prier
avec eux dans l'intérieur, sous la lumière du ciel
tamisée par les couleurs somptueuses des vitraux, encadrée, réglée, dirigée par le dessin de très hautes
fenêtres.

Or l'édifice commença de surgir à l'époque où les corporations de nos cités, leurs milices et la chevalerie
du Nord se liguèrent en un élan commun pour arrêter,
non loin de Bouvines, la terrifiante invasion germanique d'Othon IV.

A Reims, comme dans chaque ville née jadis près
d'un camp romain, ayant, depuis, conservé la mémoire
d'un forum où dominait la tribune du préteur, où dis-
couraient les orateurs des cohortes, a persisté la dévotion pour la loi, fille directe du peuple. S. P. Q. R.
Senatus populusque romanus reconnaissaient pour seuls
maîtres les enseignes des légions. Cette loi émise
par le peuple gallo-latin, sauvegardée par les municipes, enregistrée par les clercs au début du christianisme, devenue franchises et privilèges de la commune, c'est l'orgueil, la dignité, la vie intelligente des
citoyens.

Bourgeois, artisans, ouvriers, prêtres, moines, légistes
et corporations communient en une même ferveur pour
la défendre, les armes au poing, contre les appétits du
baron franc et de ses hommes-liges. Cette fermeté a
rendu la commune et l'abbaye redoutables, leurs
bannières respectées. Sur cette puissance le roi s'est
appuyé pour tenir tête aux grands feudataires et les
obliger à sa justice. Et voici qu'à nouveau les Barbares veulent envahir, placer d'autres chefs en d'autres donjons, menacer, de leurs convoitises, la richesse
de Reims, des autres villes, les trésors des monastères,

les bibliothèques des couvents. Le tocsin sonne partout,
de Flandre en Lotharingie. Autour des bannières les
corporations s'assemblent. Bien des maçons abandonnent les pierres qu'ils taillaient pour la cathédrale. Les
confréries s'arment. Elles se comptent avec leurs archers, leurs piquiers, leurs coustelliers. Elles partent.
Une infanterie nouvelle hérisse de ses lances tous les
carrefours. Elle ruisselle par toutes les sentes. Elle se
répand par toutes les routes. Elle converge vers les
plaines du Nord où, dit-on, l'ennemi germanique sac-
cage. La chevalerie est descendue de ses châteaux.
Les hommes et les destriers en cottes de fer retentissent
sur les chemins. Leurs écus armoriés étonnent les
vilains accourus des chaumines. Comme à l'heure de
la croisade, quiconque a, dans sa masure, un armet
à nasal, une arbalète, une chemise de maillons, dit
adieu aux siens. Il se joint avec des compagnons à la
bande qui passe sous les bannières d'une bonne ville,
sous le gonfalon d'un comte. Les prêtres récitant les
litanies marchent avec les garçons de leurs paroisses.
Et tout ce monde priant, chantant, buvant, car le
soleil de juillet accable, s'en va jusqu'à Bouvines, en
Flandres, pour interdire le passage du pont, car l'empereur des Allemagnes envahit, par les Pays-Bas et les
Flandres, la patrie latine.

C'est au milieu de ce tumulte, et bientôt, parmi les
joies d'une éclatante victoire, que les assises de la
cathédrale sont cimentées, que les premières statues
sont dégrossies. Othon IV s'est enfui à Cologne, avec
son épouse Marie de Brabant. Leur successeur Frédéric II les en chasse l'année suivante. Les corporations sont rentrées à Reims. Chacun s'est remis au
travail, de la gloire au cœur.

Commencée dans cette atmosphère de triomphe, à
l'instant où l'unité du royaume s'affirme par l'affluence
des communes accourues en armes autour de l'ori-

flamme et du prince pour vaincre les Barbares des Allemagnes, la cathédrale de Reims va grandir de jour en jour, pendant trois cents années, selon l'effort et les talents de mille artistes successifs. Le génie esthétique des constructeurs va se développer en même temps que l'esprit national se fortifiera.

X

Ainsi faut-il étudier, à Reims, la genèse de sa cathédrale.

Les dates capitales de sa croissance et celles de notre histoire sont les mêmes durant trois siècles. D'ailleurs, au début des travaux, sous le règne de Philippe Auguste, on taille également les blocs, on crée semblablement les personnages de pierre, à Chartres, Paris, Soissons, Amiens. En nos provinces du Nord, il apparaît bien que les élites et le peuple s'évertuent pour une action de grâces qu'ils veulent rendre perpétuelle.

La nation sent qu'elle vit une et robuste.

Le Saint Sépulcre fut naguère, par son initiative, délivré. En Grèce, en Asie, tels des siens ont fondé des empires. Ils règnent à Constantinople. Son avenir la tente. Il l'éblouit. Vaincu, le comte de Flandre ne lui a-t-il pas remis l'Amiénois et le Vermandois, et le roi d'Angleterre ses fiefs sur le continent, Issoudun, le Maine, la Touraine, l'Anjou, la Normandie ? Le Sarrasin, Raymond de Toulouse et les Albigeois n'abandonnent-ils pas une bonne part du Languedoc aux gens de Montfort l'Amaury enrôlés avec leur duc Simon sous les oriflammes que tissa l'Ile-de-France par les mains alertes de ses brodeuses ? Et c'est Adèle de Champagne, une payse des Rémois, qui fut la mère du roi Philippe Auguste l'avisé, le bon organisateur des victoires, le fondateur de la paix publique, celui qui fermement imposa la quarantaine du roi, le devoir

d'atermoyer quarante jours pour les seigneurs prompts
à vider, par les armes, leurs querelles particulières,
en ravageant les campagnes où ils s'attaquent, et en
navrant les pauvres. Parce qu'ils songent à cette
renaissance de leur patrie, parce qu'ils en comprennent
l'œuvre longue et patiente, architectes, maçons, sculpteurs, se hâtent. Ils tracent les plans, érigent les murs
où l'on verra surgir en ligne, là haut, tout un rang de
rois isolés sous leurs pinacles, entre leurs colonnettes ;
ceux de Juda, ancêtres spirituels du monde chrétien,
et qui peu à peu, se dégagent de la matière avec leurs
nez crochus, leurs profils de satyres, leurs barbes de
bouc ; puis les princes de la France, Clovis et
Charlemagne, le vainqueur des Alamans, le vainqueur des Saxons, les chasseurs de multitudes germaniques, les créateurs de la civilisation française
opposée, sur le Rhin, à la furie permanente des
Barbares teutons. La continuité du labeur national
depuis les temps primitifs paraît à tous le thème
essentiel des symboles que la cathédrale offrira.

Le maître de l'œuvre, Jean, dirige les efforts. Il les
conseille. Il encourage les artistes. Il presse les tâcherons. Compas en main, il mesure les rapports entre
les proportions des plans et celles des murs que les
foules laborieuses cimentent, des blocs qu'elles traînent,
qu'elles amenuisent, qu'elles fouillent et qu'elles ajou-
rent. Lui se souvient d'Orbais, son village natal, de
l'église que son enfance admira, que son adolescence
étudia, et dont il développe ici, sur un champ plus
large, les beautés trop restreintes là-bas. Avec la
nation qui se recompose, qui s'étend sur le vieux
monde, Jean d'Orbais agrandit son émouvant souvenir
du sanctuaire où il s'instruisit. Déjà l'idée prend corps.
Les fondations du chœur et du transept en marquent
le dessin. Évêques, chevaliers, princes, ou marchands,
ceux qui visitent la ville opulente, s'arrêtent devant

les travaux de la cathédrale. Ils les apprécient. Ils dissertent. Les voyageurs s'en vont relatant qu'un miracle de magnificence va s'accomplir dans la cité de saint Nicaise et de saint Remi. Renseigné par la rumeur publique jusque dans Rome, le pape Honorius III s'intéresse au labeur de Reims, dans le temps où il approuve les moines français se réunissant sous le vocable de Saint-Dominique. Même la sollicitude pontificale dote d'une indulgence quiconque participe à la construction sacrée : *Structura egregia et adeo dispendiosa.*

En tous lieux, les émissaires de Reims quêtant pour l'œuvre sont reçus généreusement. Dès leur arrivée, le travail s'arrête. Les processions s'organisent. Les cloches sonnent. Les habitants accourent afin d'ouïr l'exhortation des pèlerins. A leur appel, les escarcelles se vident dans leurs besaces. Chacun s'engage dans la confrérie qu'ils conseillent de former pour concourir à l'édification de l'église merveilleuse, et profiter mieux des indulgences concédées aux donateurs. Ainsi de partout, artisans, noblesse, clercs, bourgeois collaborent. De leurs vœux, de leurs prières, ils joignent leurs énergies à celles des ouvriers. Il semble que le destin de la nation dépende en quelque sorte de cette église et de sa croissance. Quand meurt Philippe Auguste, la crainte de voir décliner le royaume augmente la piété pour l'immense ex-voto de Reims. Le peuple de Bouvines croit devoir aux faveurs du Christ cette marque de vraie gratitude. Presque aussitôt, une telle foi semble récompensée. Louis VIII ajoute au domaine national le Poitou, la Saintonge, l'Angoumois, le Limousin, le Périgord, une part du Bordelais que, dans son désastre, abandonne Henri III, le fils de Jean sans Terre. Un peu plus tard c'est l'héritage d'Amaury de Montfort, le plantureux Languedoc que Blanche de Castille, veuve et régente, soude aux terres de langue d'oïl. Le peuple se sent plus fort toujours. Il s'acharne à créer selon sa vigueur nouvelle. Il tisse. Il se fait orfèvre. En 1229 avec le Rémois Hue Libergier, il entreprend aussi l'église saint Nicaise que terminera Robert de Coucy.

Secondé par cette ferveur, Jean d'Orbais fait bientôt surgir de terre le chevet de la cathédrale, et commence à le « coiffer ». Les éléments du chœur, vers 1230, se dressent quelque peu dans les lumières de l'été, parmi les foules en hâte au pied des murs qu'elles augmentent, entre les soubassements de la colonnade prochaine, dans le déambulatoire futur où les bœufs traînent encore des haquets chargés de moellons pour les chapelles absidales. Assistant à ce vacarme, d'heure en heure, Jean d'Orbais médite sur la géométrie de son œuvre. Il imagine la colonnade en demi-cercle qui fermera le chœur. Dans l'intervalle des fûts, Jean voit les perpectives des chapelles groupées au delà, illuminées par les couleurs des vitraux, par les saintes de saphir et de rubis, par les apôtres et les rois translucides. Il compose de nouveau cette harmonie sans égale qui saisira l'admiration des siècles. Il élève l'altitude jusqu'à trente-huit mètres du sol. Il rétrécit encore la distance entre les limites afin que l'ensemble jaillisse plus mince, plus fuselé. Tel un cri de foi dans le plein soleil d'une église ajourée, ouverte de mille façons, dans la divinité d'une lumière que les lignes des ogives aiguës, que les meneaux des fenêtres, que les courbes parallèles des doubleaux, que les baies des murs rendront sûrement plus sœur de la prière humaine, en lui prêtant la forme de ces hauts cadres. Ainsi le sanctuaire sera la présence même du jour et de son rayonnement, inscrite dans les grandeurs, dans les sveltesses de l'architecture. L'ampleur de l'espace communiera sans obstacle avec l'ardeur d'une foi cherchant tout l'infini de son Dieu. Lui-même semblera forcer la matière de l'abside et de la coupole, l'absorber en sa vie brillante, la délivrer de la masse et de la pesanteur. Le Christ transparaîtra dans les parties les plus solides et les plus opaques de l'édifice. Ce sera la vraie transfiguration du Mont Thabor. Ce sera la présence réelle, indéniable, tangible.

Jean d'Orbais sentit peut-être le pénétrer ainsi, comme il l'espérait, la force du Seigneur traversant, de sa gloire, les épaisseurs de l'église fendues et creusées par un art très savant, très habile à produire la beauté abstraite, la beauté mathématique des proportions. L'architecte la réalisait toute, et sans faute, dans les vis-à-vis des très hautes fenêtres, dans les rapports des colonnes et des arcatures, dans ces divergences subtiles qu'osa le génie du constructeur écartant plus les piliers à l'origine des voûtes qu'au plein des chapiteaux, pour rectifier l'erreur de notre œil enclin à voir se rapprocher les parallèles trop longues.

Le maître de l'œuvre, en son intelligence, se plaisait à la création de ces nombreuses et complexes symétries. Il portait en lui sa cathédrale entière, telle que la finiraient les travaux de deux siècles et de sept générations. Il la pensait aussi claire que la gloire des Croisades, aussi grande que le vœu d'étendre la France jusqu'aux limites placées par Charlemagne sur l'Océan, le Rhin, les Alpes, la Méditerranée, les monts Pyrénéens. Et pour tout cela Jean d'Orbais conçut la plus longue de nos églises, longue comme les élans d'un vœu. C'était du reste le vœu du sacre énoncé par chaque roi, dans le sanctuaire de Reims, depuis la soumission de Clovis à la loi des Latins. C'était le vœu de tout ce peuple en chausses brunes, en sayons et en capuches, qui traînait les pierres, qui gâchait le ciment, qui se hissait dans les échafaudages, qui sifflait, chantait le combat de Bouvines, de Saint-Jean-d'Acre, qui descendait par les pentes, qui vidait, en contant sa victoire, la gourde sous l'auvent, qui taquinait les ribaudes, qui vendait, jasait, marchandait, achetait dans les ruelles obscurcies par les ombres des pignons et des tourelles, par le ventre bas des façades, par la profusion des enseignes pendantes; le Lion d'Or, l'Homme Sauvage, le Dragon Rouge, la Main Géante, la Truie qui boit, l'Homme d'Armes, le Centaure, le Cheval Blanc, mille autres tout en branle sous la bise de Champagne, par-dessus les quolibets de la foule, les émeutes communales, les haros contre l'archevêque, les querelles des harangères et les discours des basochiens.

Le maître de l'œuvre eût voulu que cette vie entière de la nation parût dans son édifice. Et il allait de loge en baraque, sous les tentes, excitant la verve des imagiers qui, lors s'essayaient à dégrossir, dans la dure matière, les têtes énormes et barbues des prophètes, puis, selon la vérité de la rue, ces torses larges, ces jambes courtes du populaire gallo-romain, afin d'évoquer les figures archaïques des précurseurs. Elles devaient accueillir la foule pieuse sous le porche jusqu'au jour où les Vandales de 1918 les massacreraient à coups de canons, comme ceux de 407 avaient massacré saint Nicaise sur le même parvis. Jean d'Orbais, en ces statues naïvement ébauchées, a dû saluer les premières de l'assistance symbolique mais immobile qui donnerait aux façades et à l'intérieur de la cathédrale les apparences d'une vie partout saillante, parlante, enseignante. Fût-ce lui qui proposa de jucher au faîte Clovis, le prince ayant abdiqué le germanisme de sa race pour revêtir les ornements du consul romain, parler le langage des Césars, et prier le Dieu de la douleur créatrice, le Dieu de la fraternité prête à mourir pour la rédemption d'autrui ? — Sans doute.

De ce cerveau prodigieux toute la cathédrale de Reims est issue avec son chœur, son abside et sa nef, ses portails, ses chapelles, ses tours, ses murs encadrant le triomphe de la lumière, avec les altitudes émouvantes des colonnes, des ogives, des arcatures, avec les couronnes de feuillages si légers autour des chapiteaux, avec la galerie fragile du triforium, avec les trois travées initiales du chevet qui furent les modèles de la nef entière. Voilà donc ce qu'enfantait une intelligence d'élite comprenant, au début du xiii⁰ siècle, la signification de la victoire remportée, au pont de Bouvines, sur l'empereur teuton par les citoyens des communes, par leur esprit latin fidèle à l'œuvre des Césars, gardien à son tour de l'Occident contre la ruée des Barbares, et prêt aux sacrifices suprêmes pour éterniser notre patrie malgré les empereurs allemands, malgré les rois anglais, dussent-elles lutter encore trois cents ans contre ceux-ci, sept cents ans contre ceux-là.

Certes, si les historiens de la Prusse attribuèrent au chef-d'œuvre conçu par Jean d'Orbais cette vertu de palladium, on s'explique à demi la rage qui dicta les ordres de destruction aux artilleurs de 1915 et de 1918. La cathédrale de Reims leur fut apparemment une manière de secours divin, une source d'énergies où le peuple gallo-romain puiserait à l'infini des vigueurs pour vaincre, comme ses princes y ont à l'infini puisé des forces pour vouloir.

Mais la cathédrale des sacres a survécu.

XI

Toujours persiste le rêve où, vingt ans, s'est complu Jean d'Orbais. Sauf les mutilations accomplies par les obus et les effacements imposés par l'incendie, en même temps que l'on torturait la France, l'édifice demeure tel qu'il se composa, peuplé de figures évocatrices encore. Peu à peu, dès l'année 1220, sous le ciseau des imagiers, se dégagèrent à demi, de la pierre, Samuel et son agnelet, Abraham près d'égorger un Isaac fragile et menu, Moïse avec le serpent d'airain et les tables de la Loi, Isaïe digne, en nobles plis, le précurseur saint Jean-Baptiste et sa barbe élégamment peignée, le vieillard Siméon qui présente l'enfant divin pareil à une Tanagra presque. Statues de roideur archaïque aux grands visages, aux têtes énormes et long barbues, aux corps massifs mais finement drapés, elles s'adossèrent bien plus tard contre un ébrasement du grand portail ouvert sur l'occident de Reims.

Au moment où saint Louis domina l'Europe de son prestige moral, la reine de Saba et le roi Salomon s'animèrent dans les chantiers de sculpture. Elle, sereine, robuste, haute sur jambes, et les seins jeunes gonflant la tunique souple à la mode du xiiie siècle, ceinte sur une taille élégante. En vérité la princesse avance. Le mouvement de la manche s'indique avec évidence. La figure était grave, pleine, symétrique, avec un air de fatalité impérieuse comme celle d'une Pallas-Athéna découverte en terre byzantine par des croisés remuant la terre du camp. La chair des joues et leur dessin

vivent. Le front fuit vers les tempes très naturellement.
Première tentative, en Champagne, de l'art enseigné par
les Grecs d'alors aux compagnons de Philippe Auguste
sous l'inspiration de l'antique. Selon ces modèles, les
personnages des Écritures sont nés en foule, comme à
Chartres, à Strasbourg, à Paris, à Soissons. Dans la
joie de créer, les artistes de Reims chantent. Ils s'évertuent, exaltés par le vin brillant de leurs coteaux.
L'extérieur de la cathédrale va se parer de visages
railleurs, sévères, éloquents, et qui raconteront l'histoire
sainte.

A l'intérieur, les plans de lumière encadrés au large
dans les lignes de l'architecture ogivale, dans la hauteur des fenêtres, dans le cintre des arcades et les
intervalles des colonnes, ont perpétué l'extase du vieux
maître contemplant les rayons de la gloire divine et les
acceptant comme matériaux essentiels du sanctuaire ;
tandis que Blanche de Castille affermissait la puissance
du royaume prématurément légué par Louis VIII. En ce
temps, l'Université de Paris se développe ; et, de là, saint
Thomas d'Aquin instruit les élites de toutes les races.
Thibaut IV de Champagne, le poète, combat les féodaux.
Sous la bannière de la régente, il chasse de ses
domaines envahis les chevaliers de Bourgogne et les
amis du roi anglais. Bien soigneusement le second
maître de l'œuvre la continue, bien que les insurgés
de la commune saisissent les pierres de la construction parfois, avec celles des tombeaux, pour fortifier
mieux la cité contre les sorties d'un archevêque
cupide, Henri de Braine, assiégé dans son château
de la Porte-Mars. Jean le Loup remet, en septembre 1241, au chapitre des chanoines, le chœur total.
Les offices peuvent y être chantés. C'est l'année
même où le pape Grégoire IX offre la couronne impériale des Allemagnes, celle de Frédéric II refusant de
partir pour la Terre Sainte, à saint Louis, puis à son

frère ; tant le nom de la France luit alors sur l'Europe.

Fiers de leur destin, les maçons de la cathédrale travaillent de très bon cœur. A l'extrémité septentrionale du transept les deux portails s'ouvrent. Bientôt là, saint Sixte et sa figure de bourgeois raisonnable, saint Nicaise avec sa tête décollée, mitrée, entre ses mains, saillis de la façade, accueilleront la piété des fidèles en cottes d'armes, vainqueurs des Albigeois. Arrive la reine Blanche de Castille, si belle sur son palefroi. Thibaut de Champagne la suit versifiant ; les pages et les levriers ; le roi nu-tête, bien peigné, dans sa robe bleue à fleur de lys, en solerets pointus, l'épée large et droite sous la poitrine. Ils saluent les images d'un Clovis court, pesamment chevelu et barbu à la grecque, d'un saint Rémi aux favoris épais, d'un ange semblable à une dame drapée. Les sergents regardent, coiffés de fer, armés de longues vougues. Lors, criant : « Noël ! » se presse le menu peuple qui court en chausses de couleurs, qui gesticule dans ses mantels de bure, qui se cambre dans ses bliauts de samit, qui rit sous les hennins blancs et cornus, sous les chaperons d'écarlate et les bonnets de laine bise. De ce Clovis en tunique lâche, immobile, taillé dans la pierre, à ce roi vif et mince sur son destrier piaffant, rejetant l'ample housse aux fleurs de lys, la foule de Reims mesure la continuité de l'esprit qui sépara les Gaules de la Germanie, qui façonna, siècle par siècle, la résistance, la force et l'opulence de la patrie latine, qui naguère suggéra leur bravoure aux archers de saint Louis vainqueurs de la chevalerie anglo-saxonne au pont de Taillebourg, qui restitue maintenant aux communes de France la totalité du Poitou, ses rivières, ses terres à blé, ses pâturages et son bétail, les rives de l'Océan poissonneux, et le chemin de l'Aquitaine. « Noël » pour le prince, pour ses féaux qui vont arborer la croix d'écarlate tantôt sur leurs cottes. Ils s'embarqueront. Ils vogueront vers le pays d'Égypte. Ils sauront y vaincre les Sarrasins et augmenter là-bas le renom de l'oriflamme, en délivrant les chrétiens opprimés par la tyrannie des sultans.

Qu'il est vengé le saint Nicaise d'apparence si tranquille en son relief sur le tympan du portail, au moment où le vont décapiter sans émoi les Vandales que protègent ces cottes de mailles, déjà. Est-il récompensé le saint Rémi de l'autre relief y baptisant Clovis, et enrôlant ainsi toute la race franque dans les légions gallo-romaines, dans l'esprit latin de l'Église que signifie cet abbé porte-crosse? Comme la cathédrale échappe à l'incendie allumé en 1210 par les démons aux gueules hideuses que le patron de Reims, si bénin, chasse avec un signe de croix devant ses diacres étonnamment paisibles s'ils trempent le goupillon dans l'eau bénite, s'ils opposent le reliquaire à l'influence du Malin. Les forces de l'enfer n'ont point su prévaloir contre l'opiniâtreté de la foi nationale.

Du marteau et du ciseau, du compas et de l'équerre, tant de Champenois collaborèrent, durant cette période, à l'élévation de la troisième basilique. Exaltés par la fièvre de l'art, ils évoquent hors du calcaire un Job tragique, puis la jeune Toulousaine ressuscitée, le miracle du vin remplissant le tonneau, honneur du saint Rémi partout apparu bienveillant et doux, la barbe comme de laine ovine, avant la file de ses diacres aux faces d'innocence et de santé, vêtus de plis grecs ou latins. Enfin là-haut, Jésus, très admirable par la tristesse suggérée sur sa figure, exprime, assis entre deux anges, la doctrine d'amour.

On dirait que, par le regard fixé vers l'horizon, sa clairvoyance évoque la suite des siècles nécessaires à l'avènement de la fraternité, suite de siècles ensanglantés par les fureurs des peuples homicides, par les ambitions des seigneurs, par le délire des tueries.

Cependant le Messie promet. Il assure. Les deux anges de profil, à genoux, tout en partageant sa peine, lui préparent les couronnes de l'idée triomphatrice.

Façade vouée au Christ; son temple extérieur, et où s'expriment la sévérité du dogme, la noblesse du sacrifice pour la foi. Sacrifice du Jésus crucifié. Sacrifice des martyrs décollés par les Barbares.

Le voici, le Christ, comme expression du Verbe, dans le centre du portail, et pareil au « beau dieu » d'Amiens. Derrière lui, en hauteur, toute l'effroyable sanction du jugement pour quiconque oubliera la parole. L'antique a dicté la conception de la figure capitale. Elle semble presque toute hellène. On croirait qu'un philosophe grec, Platon, Héraclite ou Périclès, ressuscita dans l'esprit du sculpteur à l'instant où il se proposait d'offrir sa propre interprétation du Sauveur. Quel chevalier revenant de la quatrième croisade, après avoir, avec Thibaud de Champagne, établi dans leurs nouveaux domaines un duc d'Athènes ou un comte de Thèbes, inspira, par ses souvenirs du Parthénon, l'imagier de Reims, après celui d'Amiens? Ou mieux, ce vétéran lui-même n'a-t-il pas saisi le ciseau et le maillet afin de fixer la réplique du Phédon que son soleret de fer avait, un matin, heurté parmi les ruines roses et jaunes d'une ville amphictyonique servant alors de carrière aux bâtisseurs sarrasins, et de pâturages broussailleux aux chevriers, petits-fils de Théocrite?

L'influence des Croisades avait apparemment commencé là son œuvre de transmission directe entre la pensée apollinienne et le vœu chrétien. Elle avait là réveillé, dans le cerveau d'un homme jadis éduqué par le latin des clercs, la mémoire de la civilisation aïeule, du génie méditerranéen. Au demeurant, c'est Platon qui parle à Reims, la sphère démonstrative en sa main, debout dans la draperie d'un archonte. Au centre du portail gauche dans la face nord du transept, le sculpteur avait, l'une et l'autre, en cette statue détruite aujourd'hui par les obus germaniques, incarné les deux époques mères de notre esprit national. Par ailleurs, et à la même date, dans les intelligences des escholâtres, clercs et basochiens, venus de tous points de l'Europe pour l'entendre, saint Thomas d'Aquin versait l'essence du rationalisme antique. Qu'il commentât les thèses d'Aristote, qu'il recherchât dans les impressions sensorielles l'origine des idées, qu'il étudiât les rapports du déterminisme divin et de la liberté humaine, qu'il donnât pour but à la mission du Christ la rédemption des hommes, et qu'il proclamât ainsi la divinité de la souffrance offerte jusqu'à la mort pour une œuvre de fraternité, le *Doctor Angelicus* réunissait, en son enseignement, la force dialecticienne de l'esprit hellénolatin et la générosité pathétique de l'esprit chrétien. Quel jeune dominicain ayant écouté attentivement ce maître sur la montagne Sainte-Geneviève, puis revenant de Paris à Reims selon le pas de sa mule, ne fût pas ébloui par l'apparition de cette statue devant le premier portique de la cathédrale ? Lui-même saint Louis, s'il vint là, près de s'embarquer pour la croisade, comment n'aurait-il pas ressenti une profonde émotion de la pensée, en se rappelant les paroles de saint Thomas, commensal parfois des festins royaux ?

Le « beau dieu » de Reims, c'est le symbole du long parentage alliant les idées latines des vieux gallo-romains aux doctrines des municipes, des légistes et des moines consultés par Louis IX, afin d'établir le droit, d'interdire les guerres privées, de défendre la souveraineté de la loi contre les caprices des féodaux, afin de rendre la justice sous l'arbre de Vincennes.

Derrière le beau dieu, en effet, derrière sa tête, en son intelligence, voici toute la sévérité du Jugement. La sanction est décrite sur le tympan du porche : les

morts, ces maigres larves appelées par la voix du
Seigneur, et surgies de leurs tombes précipitamment
telles que le destin les y coucha jeunes ou vieilles,
hommes ou femmes, et en nombre, sur deux rangs
qui se superposent, l'humanité. La parole a été dite.
Les anges gardiens apportent en des langes, les
âmes élues au Sauveur. Les justes déjà sont assis à
la droite : l'évêque, le prêtre, le roi, la reine, les
pieuses femmes aux mains jointes. Fort contrits, les
méchants, sur la gauche, sont entraînés, la chaîne au
corps, par des satyres démoniaques, vers leur chau-
dière en flammes : le prêtre, l'évêque, le moine, la
damoiselle, les marchandes et la vilaine. Le clergé lui-
même n'échappe donc point à la critique de l'artiste
qui se fait ici pamphlétaire. Et cela, sous les yeux des
statues, des vierges sages, des vierges folles, des
anges musiciens, en voussures ; et cela, par-dessus la
tête du beau dieu à l'antique, de ses comparses les
saints. Ils lui font la haie, trois et trois. Ils nous
sont, les uns comme les fils des Thémistocle ou des
Aristide, les autres comme les pères des Catons ou
des Titus. Il y a le Saint Pierre et sa face d'intelligence,
prêt à dire éloquemment, de sa bouche entr'ouverte,
les lois abstraites qu'il aperçoit peut-être dans les
espaces du ciel astronomique.

La loi ; la science ; le dogme ; la mathématique des
proportions figurées dans les statues helléno-latines ;
la géométrie des arcades et des hautes voûtes, des altitudes jusqu'où peuvent jaillir, sans crainte de rompre,
les nervures, les colonnes, les ogives aiguës ; toutes
les verticales d'une foi s'élançant vers la connaissance de l'infini ; toutes les droites encadrant les
gloires de la lumière sublime : ce sont les caractéris-
tiques de ce qu'aiment obstinément nos aïeux du
XIIIe siècle, les contemporains de saint Louis, s'ils
s'efforcent de signifier, par le plus bel édifice, leur

dévotion au dieu de la fraternité souffrante, et au triomphe de la nation qui délivre les opprimés de Palestine au prix de son sang répandu sur les routes de Byzance, d'Antioche, de Saint-Jean-d'Acre, de Damiette, de Tunis, de Jérusalem.

Un million, ou presque, de croisés ont perdu la vie dans les plaines asiatiques, pour sauver un peuple réduit en servitude par les Barbares d'Orient. D'autres, fort nombreux aussi, ont lutté contre les envahisseurs de l'Est, du Nord et de l'Ouest, ont vaincu à Bouvines et à Taillebourg, pour composer intégralement la patrie, tandis que les artistes de Champagne avec Jean d'Orbais, Jean le Loup, Gaucher de Reims, méditaient, étudiaient, apprêtaient, construisaient, peuplaient de leurs statues la magnificence de la cathédrale et de la ville.

On imagine combien ces travaux avaient promptement attiré de tâcherons, de charpentiers, de dessinateurs, d'artisans, de plombiers, de sculpteurs, de verriers, de forgerons, dans la plaine de Reims. Les faubourgs s'accrurent. Nombre de chaumières s'élevèrent autour des chantiers, près des carrières. Auberges et tavernes s'ouvrirent en toutes sortes de lieux, et que remplirent aussitôt les compagnons de métiers, les francs-maçons, la confrérie de Saint-Joseph-le-Charpentier, celle de Saint-Christophe-le-Portefaix. Apparurent les jongleurs, danseurs et montreurs d'ours, car ils avaient coutume de rejoindre les corporations pour les distraire après la tâche du jour, puis les ribaudes, filles d'étuves, chiromanciennes et devineresses. La population de la cité doubla pendant le xiiie siècle. De toutes parts arrivaient les pèlerins et les voyageurs, avertis par la renommée, par la promulgation des indulgences que les papes accordaient aux pieux donateurs de la cathédrale. Les soldats licenciés après les batailles, les invalides en quête de salaires, vinrent exercer leurs talents de conteurs et de chanteurs, ou encore se mettre en échoppes pour ravauder, rapetasser, raser, aiguiser, fourbir, troquer leurs parts de butin, vendre des ânes et des chevaux, coudre le cuir, ferrer les bêtes. Ils prirent femmes. Leur progéniture encombra les ruelles qui s'allongèrent dans les champs incultes. Les tonneliers cependant ne cessaient pas de polir les douves, d'encercler les barils, d'y recevoir le vin de la vendange champenoise. Afin de vêtir tout ce monde, les familles des tisserands changeaient en drap la laine des moutons. Les foulons apprêtaient, teignaient les étoffes. Maints tailleurs les transformaient en robes de bourgeoises, en chaussures et en pourpoints de jouvenceaux, en manteaux de cavaliers, en surcots de paysans et de maçons. D'aucuns s'enrichirent. Les changeurs s'établirent sous les arcades. Des orfèvres exposèrent la vaisselle d'argent pour les festins, les chaînes d'or pour le col des damoiselles, des bagues armoriées pour les mains des seigneurs.

Las de vivre en leurs donjons, les mieux nantis pensèrent à bâtir des hôtels. Tant de charpentiers, d'architectes étaient venus à Reims pour la cathédrale, et qui demeuraient sans trop d'emploi. La ville des sacres jouissait de bon prestige. Il semblait élégant d'habiter où les rois reçoivent l'investiture, où les papes en ces occasions, officient parfois. Là construction de la basilique garantissait l'avenir de ces solennités, de leurs fêtes et de leurs cortèges. Et les orgueilleux songèrent à parader, les luxurieux à séduire, les ambitieux à gagner des titres et des apanages. Thibaud de Champagne, le grand ami de la reine Blanche, aima que ses barons parussent dans la capitale de son État avec leurs épousées, leurs équipages, leurs écuyers, leurs damoiseaux, leurs chapelains, leurs gens d'armes. Pour ceux-ci le peuple de Reims fabriqua de larges épées. Il peignit des mons-

tres héraldiques sur les écus. Il dora les larges. Il
martela des heaumes. Il y grava des devises. Il rembourra des selles. Il forgea des éperons et des étriers.
Il riva les mailles des hauberts. Il ajusta des bahuts,
des huches, des chaires et des tables massives. Il
tourna les colonnes des lits. Il façonna les lambrequins
et les courtines. Il enlumina les missels. Il sut pétrir
la pâte des biscuits et des tourtes. Il pluma les volailles et les gibiers. Il n'en pouvait plus. Il appela des
paysans à l'aide. Il fit venir son parentage, ses cousins. Il épousa pour avoir des beaux-frères. Il embaucha des ouvriers poitevins, flamands, tourangeaux. En
maintes maisons, la salle basse demeura grande
ouverte pour montrer les draps, les tapis, les brusequins à vendre, les meubles, les miroirs, les filigranes
des Sarrasins, et les figurines d'ivoire, et les hennins de la bonne façon, et les aumônières de perles,
et les chaussures recourbées, pour la perdition des
femmes. Des rôtisseries flambaient à tous les coins des
rues. Dans les vieux quartiers, les alchimistes du vitrail
éprouvaient leurs émaux au feu des athanors, supputant les effets du soleil dans les couleurs. La nuit,
la lueur de ces fours paraissait diabolique aux commères. Satan, peut-être, l'attisait. Lors ce furent de
méchants propos redits à la veillée devant la crémaillère pendant sur le fagot qui brûle au fond de l'âtre.
Médisance et Envie jasaient sous la hotte des cheminées. Aussi dans la boutique aux épices où se marchandaient cumin, poivre et cannelle, figues, dattes,
encens d'Alexandrie. Et même chez le marchand drapier qui, pour-expier le crime de vente à fausse
mesure, avait, de ses propres écus, payé, puis donné
à la cathédrale l'image en pierre du beau Dieu.

Car de cette vie profuse attirée par l'œuvre dans
Reims, tout revenait à l'œuvre même. Tout, les vertus
et les vices, les oraisons et les péchés.

Les poètes du temps n'épargnent ni les moines, ni les prêtres, ni les nonnes. L'auteur de *Carité* qui dit l'avoir cherchée dans toutes les classes sociales ne l'a rencontrée même pas chez les frères de saint Benoist ni de saint Augustin. Les « cloistriers » écourtent leurs robes, portent des souliers trop étroits, pour se donner la mine d'écuyers ou de « tursmis » (archers). Il en est même qui se taillent les cheveux en « queue de malard » (canard) afin de séduire les belles. Quant aux nonnains, elles inventent mille prétextes pour sortir du moustier rejoindre leurs galants, et pas toujours sans appétit de lucre. Dans ses *Lamentations*, Mahieu, vers 1290, le leur reprochera, comme après une expérience personnelle :

> Ne vous priseront une prune
> Si vous ne leur donnés souvent ;
> C'est l'usage de leur couvent.
> Dons veult avoir la messagière
> La maîtresse est la chamberière
> Et la matrone et la compaigne...

Pour les Béguines, chacune a son cordelier ou son jacobin. Du reste les veuves qui hantent les églises et se mêlent aux pèlerinages comptent surtout y aguicher un second mari. Dès le troisième jour elles abandonnent le deuil, et se promènent en soie par-devant les reliquaires et les châsses pour aimer « les clers et les prestres ».

> Qui en l'église venderoit
> Un cheval il se messeroit ;
> Mais assés plus est à défendre
> Que femme ne s'y doye vendre.
>
> . . . .
>
> Mais nouveles vierges procurent
> En obéissant au Vénus.

Au jouvenceau vain de son destrier et de sa vêture, vair et cendal, de son chapel à fleurs, de ses éperons d'or et des pucelles rougissant à son passage, le prédicateur dominicain montrait, au-dessus du portail septentrional, les affres du Jugement Dernier. On voyait plus haut, à droite, à gauche de la rosace et de son vitrail, l'Adam barbu, vieilli ; l'Eve robuste, mais inquiète ; car l'Orgueil les perdit devant l'arbre de la Science, et les dépourvut de leur innocence au point qu'ils se présentaient là couverts de longues tuniques afin de cacher la honte de leurs corps sous « le bon drap de Reims ».

Comment le page n'eût-il pas été saisi par l'étonnante vérité de ces grandes formes debout et sévères contre la façade ? Les trois sœurs juives de l'impasse au Fouarre s'étaient bien converties avant le bûcher, en apercevant, sur le fronton du transept sud, à côté de l'autre rosace, leur Synagogue, les yeux sous le bandeau, si prodigieusement réelle qu'elle leur montra, peut-être, de sa main jusqu'alors immobile, sa voisine l'Eglise en souple robe aussi, mais portant la couronne, le calice et l'étendard de la souveraineté.

Très facilement les mères de Reims pouvaient offrir en exemple aux bachelettes les anges qui leur ressemblaient tant. Les ailes déployées, ils se tiennent encore sur les arcs des contreforts, à l'ombre des pinacles ouvragés, et se hérissent tout autour de la cathédrale, et paraissent vouloir l'emporter au ciel dans le vol qu'ils essaient là-haut, par-dessus la magnificence de l'édifice, avec les chants des fidèles et les sons des orgues.

Ces anges, portraits de jeunes Champenoises sans doute, de quelles amours ne sont-ils pas les survivances ? Les adolescentes du xiii° siècle, les Guillennette, les Bietrix, les Mahaut, les Perrette, qui servirent de modèles aux créateurs de formes apparaissent là-haut, sous leurs chevelures bouclées, avec des airs de malice finaude et contenue. Faut-il, en regardant les visages rieurs évoqués seuls en tant que mascarons et mar-

mousets, croire aux souvenirs de très réelles personnes, un peu rustiques, pour la plupart, mais d'aucunes gamines à souhait, telles les midinettes de notre
temps. On doit à leur malice le sourire des anges, le
sourire de Reims. Ainsi l'édifice se fit d'amour vivant
et persistant : l'amour de la patrie grandissante;
l'amour du Christ mort pour la fraternité; l'amour de
joyeuses enfants qui multiplièrent la race celto-latine
digne de ses aïeux, les fondateurs, les guerriers, les
civilisateurs.

Le maître de l'œuvre présenta volontiers la grande
ébauche au voyageur Villard de Honnecourt. Emer-
veillé, celui-ci s'attarda. Il dessina les plus heureuses
perspectives, une chapelle entière du chevet, une tra-
vée de la nef, un aspect des arcs-boutants, le carré du
transept et le chœur, d'autres vues qu'il emporta dans
son album pour servir de modèles aux architectes de
Hongrie. Le renom de la cathédrale se colportait par
toute l'Europe à l'heure où les quatre premières travées
de la nef se profilaient entre les échafaudages. Alors,
sous la surveillance de Gaucher qui dirigea les travaux
de 1245 à 1255, dans tous les ateliers, les confréries de
sculpteurs rivalisaient. Bientôt devaient apparaître les
groupes de la statuaire qui, plus tard, décorerait le miracle naissant de la façade occidentale, de ses voussures et de son triple portail.

Que le roi ait été pris à Mansourah par les Sarrasins
et qu'il faille payer sa rançon; que 60.000 pastoureaux
en révolte suivent, à travers la Picardie saccagée ce
« Maître de Hongrie » étrange, illuminé; que celui-ci se
dise l'envoyé de la Vierge: qu'il prêche en habit épis-
copal dans Paris; qu'il envahisse Rouen, force le palais
de l'archevêque; qu'il mène sa multitude jusque vers
Orléans; qu'elle y bataille avec les clercs; qu'elle pille
et violente partout; que l'étrange prophète soit tué,
ses pastoureaux dispersés en Touraine par les milices

des communes et les chevaliers de la reine : cela n'est
point pour troubler le labeur des sculpteurs ni des
architectes. Ils créent afin que leur talent assure à la
patrie anxieuse parfois la gloire d'être la terre des
cathédrales sans pareilles. Ils créent pendant que, délivré, saint Louis renforce, en Syrie, la position de ses
Croisés, qu'il acquiert le prestige du héros et du saint,
qu'il se prépare au retour hâté par l'agonie de sa mère.
Ils créent tandis que l'intelligence active du prince
et de ses légistes rétablit fermement l'ordre dans le
royaume, termine les querelles intestines des feudataires, restaure le droit romain dans les cités, impose
à tous la souveraineté de la loi latine. Les artistes
s'évertuent à parer le mieux cette France neuve, uni-
fiée, solide, riche en moissons et en troupeaux, par-
courue par tant de voyageurs, de moines, d'escholâtres et de marchands, très contente pour le mariage
de Thibaud IV de Champagne avec Isabelle de France.
Agée de treize ans, l'épouse, gloire de ses compa-
triotes, parut la plus belle entre les trois cent vingt
femmes de chevaliers qui défilèrent pendant la fête
nuptiale de Provins[1].

1. Cf. *Histoire générale de la Champagne et de la Brie*, par
Maurice Poinsignon, à laquelle nous avons demandé bien des renseignements.

XII

La vie privée devient sûre. Il fait bon vivre à la
maison, sa huche pleine, avec du vin dans les tonneaux
et dans le gobelet, une poularde ou un agnelet qui
rôtit devant la flamme, et la gente Agnès en bliant, qui
fait la belle sous le diadème de grosses perles, une rose
aux doigts parmi ses voisines et commères. Gracieusement fardées, toutes ces rieuses savent si bien con-
ter les déboires des pauvres maris et les malices des
épouses infidèles, les exigences de la femme noble qui
berne son roturier, le contraint à lui laver les orteils,
même à porter la queue de la robe. On raille les
jalousies de la vieille qui s'unit au jeune sergent d'armes. Ou bien ces dames se montrent l'émail de leurs
ceintures d'argent, l'éclat de leurs joyaux, leurs bottes
cavalières, leurs cols de Paris, leurs voiles d'Allemagne, les dorures de leurs bandeaux, leurs pelisses
de vair ; et cela entre tant de mines plaisantes, de
gestes coquets, de sourires malins, que c'est joie.

Autour des artistes, en effet, femmes et filles s'em-
pressent. Elles souhaitent fort reconnaître leurs visages narquois sur les épaules des anges, ou même de
ces suivantes en relief que sainte Hélène convie à
regarder la vraie croix découverte par les terrassiers
de pierre. Pour cela, que ne tenteraient point les supers-
titieuses ? Laure habille des crapauds, et les baptise en
secret. Gillette cautérise au fer rouge les pattes de son
chat garrotté, pour qu'il l'emmène, sur l'échine, au Sab-
bat. Tremblante et blême, transie d'horreur, Blanche

ôte, de nuit, quelques brins aux cordes des larrons pendus sous le gibet de la ville.

Mais que ne tenterait une bachelette ambitieuse pour se regarder, comme au miroir, dans la figure de l'ange annonciateur reçu par l'innocence de la Sainte Vierge sous le portail d'occident.

Laquelle posa vraiment pour le Sourire de Reims? Laquelle inspira cet incomparable chef-d'œuvre où transparaît tant de vie malicieuse, spirituelle et gaie?

Fût-ce une de ces veuves alertes dont le pamphlétaire Mahieu vitupérait les intrigues. Fût-ce une de ces âmes artistes, une *doulce suer* contente surtout d'être *ornée*, *bien et noblement ordonnée*, c'est-à-dire élégamment vêtue. Fût-ce une de celles parmi la foule qu'enthousiasmaient la Croisade, l'amour des vaillants partis vers l'embouchure du Nil sur les nefs au pavois nombreux. Tel et tel de Reims ne content-ils pas encore leurs combats devant Damiette contre les Sarrasins d'Egypte qu'ils navrèrent à coups de longues haches, qu'ils lapidèrent de plombs lancés par leurs fustibules à fléau. Bons guerriers revenus après tant d'aventures, après avoir de plus en plus triomphé dans nos bonnes villes de Syrie, ce sont les soldats du roi Loys sublime entre ses pairs et si différent de l'empereur Frédéric, de ses reîtres que le pape excommunia justement pour avoir refusé, les couards, d'aller en Terre Sainte pourfendre les infidèles, en l'honneur de Messire Jésus. Sous leurs chevelures en franges vers les sourcils, et flottant bien lissées autour des oreilles, avec ces figures aquilines, nettes, rasées, en leurs hoquetons de drap bleu serrés à la taille et leurs chausses tendues contre la jambe, comme ils sont avenants les soldats de Dieu que bronza le soleil d'Asie. Tous ressemblent au fils de Blanche de Castille, quelque peu, au saint, au juste, au valeureux, à l'arbitre admiré des princes. Qui ne les aimerait, parmi les pucelles, de tout son cœur ? Qui ne les amuserait de toute sa malice ? Qui ne les favoriserait de toutes ses caresses ?

C'est, en France, un moment d'amour inspiré. Le Seigneur voudra-t-il condamner celle qui récompense, de baisers clandestins, la bravoure du croisé ? Les passions se donnent licence. Fiancés, amants, époux heureux chantent à l'envi la gratitude envers la femme. Elle les choie. Elle les adore. Elle leur veut plaire sans cesse et partout. Non seulement par la gaîté, par le plaisir, mais encore par les vertus. Blanche de Castille n'a pas été un exemple méconnu. Les pieuses dames se pressent dans les églises, donnent à l'offrande, prient avec ferveur pour leurs maris et leurs enfants ; s'il se trouve quelques démones pour y parader, répartir leurs œillades, aguicher les damoiseaux, médire du prochain, à la sortie, et s'apprendre mutuellement les scandales. Les mères éduquent les fils qui seront les admirables légistes de Philippe le Bel, autour de Pierre du Bois, Engherrand de Marigny, Pierre Flotte, Guillaume de Nogaret. Ils conseilleront au prince de reconstituer la Gaule de César, de résister aux ambitions germaniques, et ils séduiront, par leurs talents administratifs, des peuples entiers. Les citoyens de Toul, prompts à se restituer, avec leur ville, à la France, vont répudier le pouvoir de l'empereur, comme le répudient les ducs de Lorraine, les comtes de Bar, les gens du Luxembourg, comme se donnèrent ceux de Lyon, de Franche-Comté, de Navarre et des évêchés lorrains.

Les femmes qui surent élever dans cet esprit leurs enfants méritaient l'affection dont elles furent l'objet pendant la seconde moitié du XIII⁰ siècle. Le poète Robert de Blois les a louées en composant l'*Onor és dames*. Il enseigne de ne pas être si vilain ni si *restout* (fanfaron) que dire du mal des dames « à tort ou à droit ». Le même encore voulut écrire le *chastoiement des dames* où il apparaît que tout gravitait autour d'elles, qu'elles étaient courtoises, spirituelles, au centre de compagnies habiles à causer, que beaucoup de femmes parlaient doctement, qu'elles avaient la démarche noble, saluaient de même le riche et le pauvre, que leurs regards enflammaient les hommes autant que la blanche chair apparue dans un décolletage trop aimable, autant que la jambe découverte par mégarde. Robert de Blois nous enseigne comment chacun leur offrait des cadeaux fastueux, des aumônières, des anneaux, des couteaux, des ceintures. Le culte de la femme hante tous les cerveaux. Le poëte lui apprend, par ses vers, à charmer davantage en buvant, dès l'aube, un bon vin qui colore la figure, en absorbant de l'anis, du cumin, du fenouil pour masquer la mauvaise haleine, en mettant la main devant la bouche prête à rire, en interdisant aux audacieux de lui toucher le sein ou de lui baiser la lèvre, en chantant, en se coupant les ongles bien ras, etc., etc., en observant à l'église une tenue dévote, et de n'y pas rire, ni bavarder.

On aperçoit tout ce que l'on permettait à la coquette dans le sanctuaire lui-même, quand on lit les satiristes du xiii° siècle, opiniâtres pour lui donner des conseils peut-être indispensables, pour souhaiter que son mari l'aime bien, mais pas trop, de crainte qu'elle n'en tire un orgueil insupportable.

Ce culte de la femme, les sculpteurs de Reims le professaient bien certainement lorsque de 1250 à 1260 ils conçurent les statues du portail occidental, sous Gaucher de Reims et Bernard de Soissons. Ces maîtres de l'œuvre, eux-mêmes, subirent l'influence des mœurs. Merveille de toutes les architectures, ce portail est une sorte de hosannah pour Notre Dame, pour les anges du ciel, portraits fort ressemblants de jeunes contemporaines, sans nul doute.

Au cours d'une étude parfaite sur la *Cathédrale Martyre*, M. Louis Gillet démontra que le portail occidental, si différent du septentrional, doit la personnalité de sa magnifique harmonie au changement advenu dans la piété, vers ce temps-là. Les adorations du peuple s'adressent plutôt à la Vierge Marie. On la sent indulgente, favorable aux humbles. Le dieu sacrifié pour son amour des hommes, le dieu stoïque pantelant sur la croix, le dieu en agonie sanglante, le dieu de l'héroïsme dans la douleur et la mort consenties, ce dieu-là dépasse trop les possibilités du cœur. On redoute que le Christ n'exige d'être imité, qu'il n'impose aux implorants la même obligation du martyre, qu'il ne réponde à chaque plainte en montrant ses plaies, sa croix, sa bouche désaltérée par le vinaigre, son visage couronné d'épines, que le sang va masquer. Nulle souffrance ne peut apitoyer celui qui a tant souffert, qui voulut tant souffrir. Au contraire, la douceur de la Vierge persuade. Les femmes connaissent ses pudeurs de fiancée, ses émotions de jeune mère, ses travaux d'épouse dans l'humble logis du charpentier, ses admirations du Fils que les docteurs complimentent, ses effrois quand il affronte, pour la vérité, avec de rudes compagnons, toute la sottise puis le courroux du vulgaire, l'injustice des grands, la haine implacable des rivaux, ses tortures quand elle assiste à la montée du Calvaire. Les femmes qui pleuraient un mari, un fiancé, un fils, tués devant Jérusalem, à Bouvines, en Languedoc et en Poitou, à Taillebourg, à Mansourah, trouvaient dans le désespoir de la Vierge aux Sept Douleurs l'identité de leur sentiment. Les malheureuses se confiaient. Cette Mère en larmes, au pied de la croix, sous le corps meurtri du Fils n'était-elle pas semblable à celles qui s'imaginaient, gisant sous le vol des vautours, dans les sables de Palestine, leur pauvre croisé, les mains encore jointes contre la garde et le pommeau de la lourde épée.

Que de deuils consécutifs aux batailles pour la délivrance des lieux saints et pour l'indépendance de la nation menacée par les multitudes germaniques des Othon, par les britanniques de Normandie, d'Artois, d'Anjou, d'Aquitaine, par les Albigeois du Languedoc. Deuils très nombreux, ils ne furent pas sans influencer la foule des épouses, des mères, des fiancées. Pendant les dangers courus par les maris, les fils et les amoureux, quel meilleur recours la foi de ces femmes eût désiré ?

Le culte de la Vierge aimante et dolente se renforça de toutes ces appréhensions vives, de tous ces chagrins passionnés. Chacune se vit en cette Vierge innocente, en son cœur percé de sept fers. L'amour des femmes pour les guerriers de la nation se signifia dans l'amour de Marie pour le Fils menacé.

Aussi bien, le portail construit à la fin du xiii° siècle, semble-t-il une merveilleuse litanie à la gloire de Marie, un sublime ex-voto la remerciant de ses heureuses intercessions, ou de ses consolations et de ses promesses. Tant d'autres Jésus ont saigné pour sa foi, sur les routes de Byzance et d'Antioche, sous les murs de Saint-Jean-d'Acre, dans la plaine de Jérusalem. Les femmes de la Croisade ont suggéré à l'art de Reims l'idée capitale de leur ex-voto.

En effet, la Sainte Vierge, semble la reine de la façade occidentale, comme l'écrivit M. Louis Gillet. Les pierres ne parlent que de sa légende. Elles ont pris les visages de ses amies et de ses parentes, Elisabeth, Anne, le sourire de l'ange annonciateur, les gestes de ses courtisans. On l'y couronne dans le haut, en toute solennité. Ici la Vierge monte au temple avant la présentation. Là, fort en saillie, la Mère de Dieu s'avance. Elle sort de la cathédrale même, comme pour vous y recevoir dès le seuil. C'est bien sa maison propre. Marie en paraît la maîtresse accueillante et dominatrice, au milieu du porche central, sous les voussures, entre deux haies de serviteurs rigides.

On ne peut s'y méprendre. Il faut s'incliner devant Notre Dame fine et droite, très digne, l'enfant sur une main, et vêtue d'une tunique simple, d'un voile recouvrant à demi, sous la couronne étoilée, les volutes de la chevelure. Plus altière en cette simplicité même parmi les personnages magnifiques des deux ébrasements, la déesse, par son visage à l'antique, presque hellène, un visage de choéphore, exprime une méditation profonde, très loin en arrière de ce front pur et mural, de ce regard insistant, de cette bouche retenant le sourire probable, pas encore offert. On dirait qu'ensemble les siècles nés depuis le christianisme pensent derrière l'ovale de la face. Avec évidence cette jeune mère de Jésus compatit aux misères des suppliants. Elle souffre de leurs peines, de leurs péchés, avant de leur devenir toute bonne grâce.

Admirons l'intelligence capable d'inscrire, dans la matière, ce subtil passage d'une pensée à l'autre, du blâme à la compassion. Le sculpteur l'a bien expliqué par le relief du socle. On y voit la chute d'Adam, le péché capital, le péché d'orgueil, hantise de la Vierge qui veut d'abord sauver l'implorant. Mieux encore que les satiristes du xiii⁰ siècle, la Mère du Christ sait comment Orgueil, Envie, Luxure, Gourmandise, accompagnent, invisibles mais certains, la foule de ces pages trop élégante dans leurs chausses mi-partie et leurs hoquetons étroits, de ces damoiselles à longues tresses et quasi nues sous les robes trop collantes mais à traîne, de ces chevaliers trop galants dans leurs cottes héraldiques, de ces vilains trop fidèles au vin vieux et nouveau, de ces marchands trop riches en livres tournois, de ces vices qui se pressent à l'appel de l'air ému très loin par les sonneries des cloches.

La Vierge, en sa beauté linéaire, attend au seuil de

son palais. Tous viennent exposer leurs espoirs, lui demander, dans leurs prières, un pardon. D'aucunes durent la juger quelque peu sévère, trop pure, trop roide sous le poids de la couronne, avec le cou tendu, la lèvre mince, la poitrine quasi plate, la netteté de la draperie antique. Tous, pourtant, puisèrent, dans ce regard, la force utile au développement de la patrie jusque par delà les mers, jusqu'aux côtes d'Egypte et de Syrie.

La Reine du portail occidental fut apparemment la splendeur de leur espérance pour les chevaliers s'apprêtant au voyage vers Saint-Jean-d'Acre, Damiette ou Tunis. Ils aperçurent ainsi l'image de la victoire sur les Sarrasins, en cette forme de pierre, en cette dame tenant, sur la main gauche, son petit Jésus assis. Ce n'était plus la joyeuse vigueur incluse dans la victoire de Samothrace aux ailes déployées, à la marche vive. C'était la douce compassion de la souveraine pour les vaillances de ses féaux, pour leur vies rudes, pour leurs morts en extase.

Souvent ils vinrent afin de lui vouer leurs épées triangulaires dans les fourreaux de bois et de cuir gaufré, afin de transmuer leurs cottes d'armes en une sorte de scapulaire qui protégerait le pieux, qui deviendrait un linceul bénit à l'instant du trépas. Et ils regardaient les scènes de la Maternité, de la Présentation, de la Mort. La Vierge y vivait telle qu'une simple femme de la Champagne, avant de promettre au populaire le royaume du Ciel et sa justice.

Soixante mille paysans de Picardie, en 1251, se réunissent à la voix d'un qui se dit le Sergent de la Vierge, et qui invite à la Croisade. Ces pastoureaux vont à Paris. Leur apôtre y prêche en tenue d'évêque. Les habitants l'acclament. A Rouen le Sergent de la Vierge est installé par ses fidèles dans la cathédrale et le palais archiépiscopal. Blanche de Castille n'ose d'abord refréner ces foules fanatiques et violentes. Le nom de Marie les exalte. Et le peuple les loue, même quand il lui faut subir leurs pillages. Enfin l'évêque d'Orléans les blâme! Il y a bataille ; d'autres. Elles ensanglantent les provinces jusqu'à l'heure où la chevalerie des évêques bat et tue le Sergent de la Vierge sur une rive du Cher, disperse les pastoureaux.

Chevaliers, sergents, soldats, vilains, parlaient aux statues de Marie, en murmurant leurs oraisons, ainsi qu'à leurs amantes ou bien à leurs épouses du jour nuptial. Ils supposaient, en elles, plus graves, la douceur des fiancées, la vertu des mères, la tendresse des amoureuses. Marie leur était, par là, toute la beauté physique et morale. C'est pourquoi les sculpteurs qui composèrent la Vierge de l'Angelus la firent adolescente et paysanne en son innocence étonnée, la tunique enflée par les cimes de jeunes seins, et la mine un peu sournoise; tandis que, statue voisine, l'ange de l'Annonciation lui parle, de son minois gai, touche, de son aile, l'épaule de la vierge choisie.

Le « Sourire de Reims » élargit cette figure de fille céleste amusée par sa mission. Plus que la bouche encore, les yeux se plaisent en leur joie grivoise à demi : Le vulgaire du front bombé, du crâne lourd pour la face, de la chevelure trop courte, prête au personnage une indubitable réalité. La position de la main qui relève le manteau suggère, en outre, des façons élégantes, prétentieuses un peu. De même le ventre qui se bombe, les épaules qui reculent, la jambe qui fléchit, révèlent une personne coquette, presque maniérée. Quel ange surprenant, si ce n'est le portrait d'une jeune fille chère à l'imagier, autant que le furent celles qui posèrent en Italie pour les messagers célestes des primitifs. Telles les vierges anglaises copiées par Sandro Boticelli et ses disciples.

On a prétendu que le Sourire de Reims préparait celui de la Joconde, son ingénieux mystère. Il ne semble guère pourtant que le nôtre dépende vraiment de la philosophie, ni de la méditation. C'est une franche et spirituelle gaîté qui s'avère au visage de la statue célèbre. C'est un épanouissement de la joie miraculeusement fixé par un art sans égal. De même pour l'ange qui assistait saint Nicaise. Assistait...

Le 20 septembre 1914, durant l'incendie, que, pour venger leur défaite de la Marne, les Allemands allumèrent dans les échafaudages extérieurs de la cathédrale, par la chute de leurs obus, une poutre en flammes s'abattit sur la très belle image, la décapita, lui rompit deux membres. Immédiatement des mains pieuses recueillirent tous les gravats, débris, morceaux, et poussières. On les transporta dans les caves de l'archevêché. Au mois de novembre, les spécialistes assidus à l'examen de ces décombres, identifièrent, avec la tête de l'Ange Assistant, une pierre ornée, mais complètement abîmée, entamée partout. Si le musée du Trocadéro n'en conservait heureusement une réplique, un moulage, le Sourire de Reims eût à jamais disparu.

Pas tout entier.

Le musée du Louvre possède une statuette de bois récemment offerte par un dévot des arts plastiques. Elle comprend toute la grâce exprimée par le chef-d'œuvre de Reims, évocation de la Jeunesse. Encore plus élégante peut-être la statuette de bois perpétue le souvenir d'une danseuse en longues draperies, agitées par un mouvement spirituel qui semble lui-même le sourire du corps entier. De moindre hauteur, de moindre beauté, cette statuette explique, complète et commente la sublime image décapitée par la poutre en flammes de 1914. Faut-il reconnaître là, dans le réel d'un portrait, le modèle qui posa pour l'ange de l'Annonciation, et qui « *ploie au sein des voiles que l'air déploie* », comme a chanté la baronne de Brimont en une strophe mémorable des *Mirages?* On ne saurait l'affirmer. Cependant le fameux Sourire de Reims se répète là sur une jeune personne très pareille au chef-d'œuvre liturgique. Ce sont filles de la même race et de la même époque, lorsque la joie de la France s'épanouissait dans le plaisir d'une jeunesse exaltée, fière de son roi prestigieux en Europe, fière pour la grandeur vaillamment accrue de leur pays. Par les anges de Reims, toute la nation souriait à son œuvre accomplie à la naissance de l'avenir.

La prophétesse Anne debout contre la paroi de gauche, dans la scène de la Présentation, appartient à la famille de l'ange, sans nul doute. Cette dame au front développé, au menton pointu, est la tante, ou la cousine, ou la sœur aînée de Gabriel l'Annonciateur. Même coquetterie maniérée de la posture. Même adresse pour arranger les plis du vêtement. Même souplesse, mais un peu vieillie, de l'attitude. C'est une Champenoise de la ville qui regarde l'innocence rustique et hellène de la Vierge, pour menue que celle-ci paraisse, et fine, l'enfançon sur les mains. Saint Joseph en bonnet de matelot grec a la figure précise entre les longs cheveux et la barbiche qui désignent encore, dans nos dessins actuels, le type conventionnel de l'artiste. Le vieillard Siméon montre des moustaches immenses, peignées en volutes avec un soin que dicta certes une mode impérieuse du XIIIe siècle aux moines et prélats inquiets de leur prestance. La vérité de ces quatre personnages, leur exactitude spirituelle, leur vie — telle que bien peu de sculpteurs, à travers les âges, en fixèrent de si manifestes — nous affirment que ce sont là des portraits. Les gens du XIIIe paradent eux-mêmes sous les traits de leurs saints et de leurs saintes dans leur cathédrale. Ils la constituent avec leurs existences, avec leurs gestes, leurs mines, leurs attitudes comme ils l'édifièrent avec leur génie et leurs talents.

Et c'est le miracle de la cathédrale. Elle se dresse avec le peuple de France lui-même, ses types essentiels, ses figures, ses gestes, ses railleries, ses pleurs, ses rires. Sous les noms de l'Écriture Sainte, sous les attributs des personnages légendaires, ce sont nos aïeux, contemporains de Philippe-Auguste et de saint Louis qui se montrent à nous, mêlés à certaines réminiscences de l'art hellène, comme ce prophète comparé souvent à quelque Ulysse pour son bonnet pointu de pilote égéen, comme cette grande reine de Saba, à la face pleine et grave; selon les exemples du Parthénon. La brutalité de la guerre aussi l'a décapitée, amputée, dépouillée.

Indemnes ou presque, subsistent, du moins, le Couronnement de la Vierge, ses anges groupés avec tant de grâce, trois et trois, dans le gâble du fronton dominant le portail central. De cette place éminente, devant le soleil de la rosace, ils instruisent tous les siècles sur le charme de la jeunesse qui connut Blanche de Castille et les comtes Thibaud de Champagne. Au portail le plus septentrional, en cette même façade de l'ouest, triomphe de Marie, l'ange encore qui souriait à la gauche d'un Saint-Nicaise imberbe, douloureux, ascète près du martyre, cet ange nous fut une vie de sveltesse, de malice et d'agilité. Reconnaissons une parente de l'Annonciateur et de la prophétesse Anne. Sourire de Reims toutes. Et merveilles.

XIII

Examinez l'austère ecclésiastique représenté sous
le vocable de saint Nicaise, le doux moine qui figure
saint Rémi, l'homme d'action, de vigueur et de
volonté qui coiffe la mitre saint Méry, la noble dame
à la lèvre méprisante et à l'ample robe qui posa pour
sainte Célinie. Observez ces diacres naïfs porteurs
de palmes ou de missels, tous ces prédicateurs cheve-
lus et barbus, le doigt en l'air, le front ridé par
l'effort de convaincre, d'influencer, d'entraîner. Etudiez
ces hommes en pleine lutte intellectuelle évidemment,
au milieu de contradicteurs invisibles, mais certes
redoutables. Regardez ces ambitieux ecclésiastiques ou
militaires aux visages crispés, au regard dur, toutes ces
matrones en longs plis morigénant parbleu les frivoles
dont nous entretiennent alors les satiristes Guillaume
Rénclus, Robert de Blois, Mahieu. Ecoutez ces dialec-
ticiens qui raisonnent sur la maxime consécutive en
prononçant la vérité préalable, et tous ces causeurs si
divers par la figure, l'attitude, la beauté, la laideur,
la taille et l'âge. Contemplez cette foule de vertus, d'intelligences et d'éloquences, de curiosités, de moque-
ries à deux mille visages. Admirez cette suite de châte-
laines replètes, et de gens trapus, camards, autour de
sainte Hélène découvrant la croix, toutes ces femmes
en bliaus étroits, en coiffes lourdes sur des chevelures
ondulées. Voyez cet énorme Goliath en armure d'écailles
imbriquées, ce relief haut juché par-dessus l'archivolte
de la rosace avec ce joli David pareil à l'Antinoüs de

Rome. Comptez, plus haut encore, ces cinquante-deux rois debout dans leurs niches ogivales, couronnes en tête, ce Clovis aux cheveux roulés bas qui baigne dans les fonts baptismaux, et le prince à la barbe large au sceptre vertical, et ceux de profil sémite, de barbe calamistrée en boucles, et aussi les vingt anges debout, ailes décloses, entre les colonnes de leurs pinacles. Tous ces personnages évidemment sont des citoyens de la France connus des sculpteurs champenois, et introduits, de 1250 à 1260, dans l'architecture de la cathédrale, pour y devenir perpétuels.

Puissante, incomparable synthèse de nos caractères à l'époque des croisades.

D'ailleurs l'essentiel de l'art qui s'exprima par la construction de nos cathédrales, n'est-il pas cette force de synthèse? L'art grec simplifie, débarrasse, réduit à quelques droites, à quelques angles, à quelques courbes les représentations de la forme et du mouvement. L'art médiéval, au contraire, après avoir, dans l'intérieur, réalisé l'incomparable, la pure géométrie de ses nefs et de ses absides, peuple l'extérieur avec le total de la vie. L'école de Chartres, celle d'Amiens, celle de Reims, celle de Strasbourg s'évertuent à l'accumulation harmonieuse des personnages. Elles les étagent du parvis au pied de la flèche. Elles les alignent sur tous les entablements. Elles en logent dans tous les gâbles. Elles inventent des pinacles creux où placer des rois, des prophètes, des cavaliers, sur le faîte même. Depuis la gargouille souvent comique ou monstrueuse, faite d'un moine paillard ou d'une chimère aboyante, jusqu'au beau dieu signifiant l'idée sublime et unique, mille et mille êtres surgissent en saillie, se superposent, se penchent hors des murs, entre les contreforts, le long des toits, par-dessus les portes, aux côtés du fidèle qui s'approche, et qu'ils accueillent.

Elle hante l'architecte cette préoccupation d'offrir le

plus d'humanité à la réflexion de la foule apprenant ses défauts et ses qualités, ses prestiges et ses bassesses, par les deux mille figures tendues vers elle, par deux mille personnages symbolisant la sainteté, le génie, les vertus, l'héroïsme, ou même la luxure, la gourmandise et le vol.

Comparez sous l'inspiration de la même thèse esthétique, l'architecture des cathédrales et la composition des épopées. Dans l'*Iliade*, l'*Odyssée*, l'*Enéide*, les *Deux Faust*, la *Comédie Humaine*, la *Légende des Siècles*, *Guerre et Paix*, *Salammbô*, le principe de synthèse également évoque des sociétés entières, et non un simple brelan de héros. Homère, Virgile, Gœthe, Balzac, Hugo, Flaubert et Tolstoï ont pensé comme Jean d'Orbais, Gautier de Reims et Bernard de Soissons. Ils ont embrassé le plus de forces dans leur méditation. Ils les ont recréées par les moyens de l'esthétique. A Strasbourg, les murs de la cathédrale exposent une vie sociale aussi grouillante que celle incluse, par Zola, dans la série de ses romans. La musique fournirait un témoignage analogue. On citerait tout de suite Berlioz et Wagner, pour des fervents de la synthèse en art. Michel-Ange, lorsqu'il peignit son *Jugement dernier*, acheva, par le seul pinceau, un chef-d'œuvre appartenant à la même doctrine.

On sait comment elle fut mal comprise par les élites du xvii° et du xviii° siècle, et dans quel mépris les critiques tenaient alors les églises ogivales, leurs statues. Les classiques leur préféraient la grande bâtisse de style jésuite que l'on rencontre trop, et qui parfois succédait à un sanctuaire du xiii° ou du xiv° siècle jeté bas avec les perspectives de sa nef idéaliste et son peuple de statues réalistes, pour faire place à ce porche de colonnes jumelles, à ces murailles aveugles, à ces intérieurs rectangulaires et blancs, où se complut la piété des mousquetaires et des gardes françaises,

de Roquelaure et de Casanova, de Racine et de Joseph
de Maistre, de Bossuet et du cardinal de Rohan. Il
fallut que le romantisme rétablit, en sa vérité, la table
des valeurs esthétiques. Il rendit à l'art de synthèse
l'hommage que lui devait justement le poète capable
de composer la Légende des Siècles, comme Jean
d'Orbais composa la Cathédrale des Sacres.

Donc, entre ses autres mérites, Reims possède celui
d'avoir, pour cœur, l'un des principaux monuments
conçus par l'esprit de synthèse.

Est-ce à dire que les œuvres de cet esprit semblent
toujours préférables aux œuvres d'analyse, aux œuvres
de l'art simplificateur, l'art des unités ? Les deux méthodes
produisirent autant de résultats magnifiques. Le temple
de Pœstum et la Cathédrale de Chartres, le Prométhée
d'Eschyle et le Saint-Antoine de Flaubert, l'Orphée de
Glück et le Parsifal de Wagner, malgré leurs différences
radicales, ne peuvent-ils être tenus pour quelques fleurs
miraculeuses de la pensée ? Cependant l'un et l'autre
esprits les cultivèrent.

L'art qui développe son sujet et l'art qui le res-
treint, le savoir de l'horticulteur qui pousse l'arbre
au paroxysme de sa floraison, qui l'accorde avec le
paysage, avec les êtres, et le talent de l'ébéniste qui
change cet arbre en une colonnette parfaite, se peuvent-ils dénier mutuellement leurs vertus ? — Point.

A tort les classiques du xviii° siècle décrièrent la
beauté scrupuleuse des églises ogivales, comme les
architectes ottomans, lorsqu'ils détruisaient les temples
antiques des Egyptiens pour, avec ces matériaux,
construire des caravansérails, des marabouts, les cubes
de leurs maisons.

Les architectes, les sculpteurs de Chartres, d'Amiens,
de Reims et de Strasbourg élevèrent des églises
sublimes. Miracles de l'art synthétique et nombreux,
elles comprennent, à l'intérieur la pureté des lignes et

P. ADAM.   6

des courbes, comme l'art de l'unité lui-même les eût admises, et, au dehors, la profusion des actes humains, éléments de l'autre idéal. Assemblant le subjectif et l'objectif en un effort divin, les créateurs de ces perspectives et de ces statues s'assignèrent la tâche la plus difficile. Ils ont marié, dans un même symbole de pierre, l'abstraction de la foi théologique, et le concret des existences saintes, héroïques ou pécheresses. Ils ont édifié le palais de la lumière spirituelle, et fait surgir autour les instincts des hommes. Réaliser en une seule œuvre le prodige linéaire de l'abside, les courbes de sa coupole, les feuillages palpitants des chapiteaux, les lignes des colonnes groupées, le sourire humain de l'ange qui annonce à Marie, la face méditante du beau Dieu, et les deux mille figures qui discutent, prophétisent, raillent, souffrent, aiment, s'avilissent, s'exaltent, du parvis au pinacle, n'est-ce point donner plus à l'intelligence que ne donnent le péristyle de Pœstum, le fronton et la cella de ce temple abstrait, ou les seuls bustes des Grecs et des Romains emplissant les musées de Naples. Ainsi Shakespeare quand il place, en son Hamlet, le souci de l'Inconnaissable tandis que les protagonistes de la tragédie et lui-même, titubent dans les lacs de leurs passions, de leurs amours, de leurs haines, de leurs instincts si grossièrement vrais. Ainsi Michel de Montaigne lorsqu'en ses *Essais*, il ressuscite réellement la vie antique d'Athènes et de Rome avec la vie de la France, par mille citations persuasives, par mille évocations d'individus célèbres, lorsque, de toutes ces existences surgies, le philosophe conclut à son terrible « Que sais-je », au déterminisme et au scepticisme les plus irréfutables. Il joint les hommes aux forces universelles.

La cathédrale de Reims jouit de ce même prestige que confère l'art de synthèse à ses œuvres d'excellence. Les idées préalables sans doute à la naissance de la planète, et qui présidèrent à sa genèse, et que nous tâchons de saisir dans les catégories de nos mathématiques, ces idées, les Nombres de Pythagore et de Wronski sont ineffablement présentes dans les géométries parfaites de la nef, du transept, de l'abside, des voûtes et des coupoles, dans les jets des colonnes, des tours, des pinacles et des flèches. Mais aussi des êtres apparaissent en foules qui sont les expressions momentanées de ces grandes forces entrevues. Voilà donc les hommes qui les imaginent, qui les calculent, qui les transforment en légendes religieuses, selon leurs espoirs de justice et de pardon ; ces hommes du XIII⁰ siècle dont les talents construisirent l'église afin d'y mettre en extase leur foi de la Croisade, leur confiance dans une rédemption de fautes trop joyeuses certes, leurs oraisons pour obtenir des Forces inconnues, du beau dieu, la puissance de la patrie latine à jamais. De leurs talents, de leurs efforts, de leurs énergies, ces hommes ont bâti la cathédrale. Elle semble même toute faite de leurs corps debout devant les portails, sur les entablements, auprès de la rosace, par-dessus son archivolte, devant les faîtes mêmes, le long des tours, et sous les pinacles. Rois, saints, penseurs et manants entrent, par leurs statures, dans la matière des murailles. Ils s'élèvent avec toute l'altitude et la majesté du sanctuaire. En sorte qu'il semble construit avec la chair même des Français, comme par l'entrain de leur génie et de leurs vigueurs.

Voilà pourquoi les Barbares ont canonné la cathédrale. Ils savaient atteindre sa pierre et notre cœur historique, notre cœur vivant, à la fois.

XIV

Maître de l'œuvre pendant ce travail des sculpteurs, Bernard de Soissons terminait, de plus, la façade. Il achevait, vers 1280, la mise en place de la grande rose et de ses incomparables vitraux. Les cultes anciens du Soleil, l'adoration égyptienne d'Ammon-Rô fécondateur, la religion des Vieux Mexicains n'avaient rien imaginé de plus émouvant que cette transfiguration de la lumière blanche en couleurs du prisme. Les émaux translucides deviennent les vêtements rouges, bleus, violets des personnages, l'orangé de leurs faces, le vert des prairies et des bois, le jaune des dorures, et dotent ainsi, de vies sacrées, le rayon traversant la verrière, baisant, de ses nuances acquises, le profil des femmes à genoux. C'est le baiser de la Vierge elle-même, de ses anges, des patriarches et des princes qui trônent dans le cercle du soleil entre les seize rayons de pierre. La chaleur de l'astre apporte sur la foule en oraisons, l'amour même de Notre-Dame et la tiédeur consolatrice de sa lèvre.

Avec le roi mort à Tunis, et le vaillant Thibaud V de Champagne mort en Sicile, que de braves sont ici pleurés encore par des mères, par des veuves, par des orphelins. Ils supplient afin que toute la miséricorde divine accueille les âmes des Croisés qui succombèrent dans les sables de Carthage. Et tant ceux-ci furent admirés qu'après la fin de Barberousse le pape, voulant délivrer l'Italie de l'emprise germanique, a proposé au frère de saint Louis l'investiture pour les Deux Siciles. Entre

les Angevins de Charles, bien des Champenois dominent
à cette heure, dans Naples et dans Palerme, victorieux
de Manfred et de ses Allemands, de Conrad et de ses
Bavarois, de ce Conradin que les Boches nous re-
prochent encore d'avoir décapité pour le pillage de
Rome et le ravage de l'Italie. Les moines de France,
au nom de la Vierge dont ils importaient le culte, y
répandent le goût de nos arts, de nos mœurs, de nos
piétés. Ils y recueillent les contributions nécessaires au
nouveau départ de Croisés vers l'Orient. Le grand espoir
chrétien n'a pas abdiqué sur le tombeau de saint Louis.
Devant les ports italiens bientôt, toute une flotte de
nefs pavoisées va mettre à la voile emportant la chevalerie de Charles d'Anjou, ses machines de siège, ses
vivres et ses trésors de guerre lorsque les Siciliens
auront versé leurs pièces d'or dans les coffres des
frères prêcheurs. Les héros de Damiette et de Tunis
seront vengés. Le Saint Sépulcre, sera, de nouveau,
purifié.

Voilà ce que promettent, à la dévotion de Reims, les
couleurs des vitraux splendides inclus entre les pierres
de la grande rose. Et le géant Goliath qui, de son relief,
la surmonte, symbole de l'Infidèle, tombera frappé par
les armes d'autres Davids aussi purs et francs dans
leur force que le pâtre dégagé, là haut, de la pierre
par le talent des imagiers. Les deux pèlerins colossaux, le glabre et le barbu si beau, se profilent à gauche et à droite de la rosace. Ils pouvaient se remettre
en route afin de prier sur la terre où pâtit le Jésus. Du
moins leur habit, leur panetière, et leur bourdon conseillent aux pêcheurs de s'apprêter aussi pour le voyage
de Rédemption... Le soldat provençal qui, certain dimanche à Palerme, embrassa trop une demoiselle parmi
la foule se rendant aux offices, suscita la fin du rêve
cher à Reims depuis la jeunesse d'Urbain II et les
enseignements de saint Bruno. Le massacre des Vêpres

Siciliennes noya dans le sang de France les projets de nouvelles croisades. Les Angevins cédaient la Sicile à Pierre d'Aragon tandis que trépassait Bernard de Soissons après trente-cinq ans de labeur. Il avait pu voir la façade occidentale se dresser presque entière dans le soleil, et ses trois portails gardés par les statues, surmontés par le couronnement de la Vierge triomphale devant les couleurs de la grande rosace; et, plus haut, le relief de Goliath et de David, et, plus haut encore, le rang des monarques debout, cinquante, munis de leurs attributs, chacun sous une ogive, face à la pourpre des couchants. Reims avait un visage digne de son histoire.

Sa princesse, Jeanne, petite-fille de Thibaud IV, et fille de Henri le Gros, le dernier duc, épousait, en 1284, Philippe le Bel. Mariage qui scellait la réunion de la Champagne et de la Navarre à la Couronne. En 1286, le roi et sa reine de treize ans reçurent l'onction dans Reims.

Or, à l'intérieur de la basilique, la ville des sacres avait un lieu sublime pour que le meilleur sang de la France y vînt affluer aux jours insignes de ses annales.

On a décrit, maintes fois, la beauté de ces lignes intérieures. MM. E. Mâle, Demaison, Moreau-Nélaton, Louis Gillet, d'autres ont réussi à en faire comprendre la forme et l'esprit. On vanta justement l'harmonie de la nef, de ses trois étages, celle des arcades ogivales et de leurs piliers chacun à cinq colonnes conjointes, à cinq chapiteaux délicatement feuillus, supports des ogives, celle du triforium gracieusement évidé derrière ses colonnettes en ligne, celle des fenêtres à vitraux par quoi la magnificence du ciel illumine, de très haut, la foule minuscule d'en bas.

Dans un style pieux, M. Louis Gillet a chanté véritablement la « musique » de l'abside, et l'apparition demi-circulaire de ses colonnes, et la majesté du rond-point-

et ce que les chapelles des bas côtés, les chapelles
rayonnantes du fond, les murs, et les voûtes laissent
d'espaces à la lumière, maîtresse, déesse de la cathédrale.

Cette beauté mystique de l'air et du ciel devenant le
principal de l'édifice fut conçue par Jean d'Orbais, réa-
lisée par Bernard de Soissons. Elle suggéra les plus
vigoureux espoirs aux sujets victorieux de Philippe
Auguste et de saint Louis comme aux sujets moins
heureux des trois Philippe, le Bel, le Long, le Valois,
qui luttèrent sans cesse pour recomposer la France sans
cesse défaite par les partages des héritiers comme par
les dotations nuptiales. De règne en règne, ce qui fut
naguère récupéré, se trouve aliéné de nouveau. Le mort
a testé. Le père avantage sa fille nubile afin de la marier
aux princes de Flandres, d'Espagne ou d'Angleterre,
Il faut, à la fin du siècle, recommencer toute l'œuvre du
début, entre temps délitée par ces façons de compter les
royaumes pour des biens particuliers divisibles, ven-
dables, échangeables à merci. De son mieux l'église
résiste à ces trafics funéraires ou matrimoniaux. De
son mieux elle s'évertue afin de soutenir ceux qui
veulent reconstituer la patrie intégrale. Les appétits
des grands vassaux, leurs traditions germaniques, leur
soif d'impérialisme, leur emploi perpétuel de la violence pour acquérir, piller, dominer, faire échec au roi,
se substituer même à lui, détruisent, de lustre en lustre,
la force de la nation qui se recompose à grand'peine.
Le principe latin de la patrie demeure étranger aux
fils de Francs Saliens, de Francs Ripuaires, des Bur-
gondes et des Visigoths. Les comtes de Champagne
sont des moins avides. Mais ces Thibaud, Le Tricheur,
comme Le Grand et Le Chansonnier ont, durant trois
siècles, conspiré avec tous les féodaux contre l'unité
de l'état. Reims les exhortait en vain par la voix de
son clergé. Excommuniés, vaincus par des armées

royales, les feudataires se redressaient bientôt, avec l'aide étrangère, burgonde, allemande, britannique ou flamande. Les trahisons perpétuelles des ducs de Bourgogne établiront l'Anglais en France. La guerre de Cent Ans suivra, pendant laquelle on verra la plupart de féodaux pactiser avec l'ennemi, sans vergogne, selon les intérêts de l'heure. Le sens de la patrie leur manque. Ils se conduisent en tant que propriétaires par droit de conquête. Eux et les leurs se vendent ou se louent à qui les paye. Moyennant finance ou promesse de butin ils attaquent l'allié d'hier, le souverain auquel ils jurèrent fidélité par hommage de chevalerie. Aucune déloyauté ne leur répugne, aucune félonie. Ils ne comprennent pas.

Par contre le clergé s'attache fermement au principe latin du patriotisme. Les disciples de saint Rémi se rappellent la leçon d'Aétius. Même si Boniface VIII proteste contre l'impôt du cinquantième édicté par Philippe le Bel au détriment des clercs comme des laïcs, vingt-trois évêques, en dépit de leurs intérêts propres, déclarent au pape qu'ils satisferont le fisc. Devant cette attitude, le pontife étonné comprend son erreur. Il efface les prétentions émises par la bulle *Clericis Laicos*. Il canonise saint Louis, pour se réconcilier avec la dynastie. Au second acte de la querelle, légistes et moines réunis aux états généraux d'avril 1302 se prononcent pour l'indépendance absolue du roi sacré dans Reims. Et quand le pontife les appelle à Rome afin de promptement s'y faire juger par un synode, la plupart des prélats refusent de comparaître. Ils demeurent fidèles au prince excommunié, à sa bannière, à ses fleurs de lys, au successeur du Clovis et du Charlemagne sculptés sur la cathédrale des sacres, en sa face. Boniface VIII expire dès septembre 1303. La honte de sa déconvenue l'a tué. Toute son intelligence, tout son prestige se sont évanouis devant le principe de Reims et sa force.

Même union étroite de l'église et du Capétien, au cours du procès, d'ailleurs inique, entrepris contre l'ordre du Temple, contre Jacques Molay. Le roi sacré dans Reims représenté, pour la majorité des évêques et des clercs, le drapeau vivant de la nation. Aveuglément ils le défendent, fut-ce dans le schisme. Ils approuvent quand le décret de 1309 installe Clément V dans Avignon; acte préliminaire du grand scandale qui durera jusqu'en 1429. Ils approuvent le roi mort quand l'archevêque de Reims, Robert de Courtenay, au Concile de Senlis, réhabilite le ministre que les féodaux avaient, par vengeance, injustement accusé.

Les clercs persistent dans leur rôle. Ils sont avec les « bourgeois du Roi » pour défendre les franchises des villes et des corporations. Puis, de leurs idées, naissent les Etats Généraux, premières formes du parlement, premières assises du peuple souverain. Ceux de 1355, quand auront parlé Jean de Craon, l'archevêque de Reims, Gauthier de Brienne, duc d'Athènes, Etienne Marcel, prévost des marchands, voteront la solde pour 30.000 hommes afin de combattre l'envahisseur. Le roi Jean partage son pouvoir avec l'assemblée. Une première fois l'égalité des trois ordres est admise. L'ordre qui refusera son approbation à la loi ne sera pas engagé par le suffrage des deux autres. C'est le droit des minorités que nous ne possédons plus. Les états nomment le percepteur de l'impôt. S. P. Q. R. Le *Senatus Populusque Romanus* des enseignes arborées à la tête des légions redevient la maxime des libertés gallicanes comme au temps des Rèmes et des *Durocortorum* alliés avec César, au temps où fut édifiée la Porte de Mars, où la louve qui allaite Romulus et Romus y fut sculptée. L'église, les municipes et les corporations ressuscitent totalement la loi de Rome. Elle l'emportera sur l'esprit germanique des féodaux, en 1789.

L'esprit de Reims triomphera.

Sa cathédrale peut regarder fièrement, par les yeux de ses cinquante rois, en ligne, l'avenir. Il se décidera, un siècle et demi plus tard, après l'effroyable épreuve imposée par les passions des féodaux à la France durant la guerre de Cent ans, après les luttes criminelles des Armagnacs et Bourguignons, après la mort du Téméraire dans un étang glacé de Nancy, après celle de Charles-Quint déçu en son aride Espagne.

La cathédrale des Sacres est prête déjà pour le génie de Louis XI, pour la noble fougue de François I⁰ʳ et de sa pléiade, pour l'adresse des Valois et l'esprit latin de Montaigne, pour l'apogée que sera Louis XIV, au soleil de 1680.

XV

Un miracle, en effet, se prépare, tandis que de studieux artistes taillent les images des princes dans les ateliers épiscopaux, tandis que Robert de Coucy, Colard, Gilles, Jean de Dijon, Colard de Givry dirigent successivement les maçons parachevant la beauté de la Cathédrale, tandis que la vie de la cité se concentre, aux grands jours, dans le sanctuaire de Saint-Remi, pour la fête de l'Ane et ses violentes saturnales, pour la représentation des mystères et la joie spirituelle des spectateurs, pour les dimanches des rameaux verdoyants et la mise au soleil des toilettes neuves des hennins frais, pour les cierges illuminés de Pâques et la communion des pécheresses. Ardemment l'on implore le Sauveur, car la nation est menacée de mort à Poitiers, Azincourt, car la Champagne est saccagée par les troupes de Charles le Mauvais, par les armées anglaises, par les grandes compagnies.

Les gens de guerre qui avaient suivi Charles de France dans les deux Siciles, avaient, là-bas, transmis beaucoup de nos arts, de nos poèmes, de nos goûts, et sans doute, le culte prééminent de la Vierge selon la foi de Remis. Les conquérants avaient laissé des amis qui, en 1382, appelèrent Louis d'Anjou, l'oncle de Charles VI. M. Valois, dans son étude sur le grand Schisme, a dit comment 80.000 Français traversèrent alors, de part en part, l'Italie pour recevoir l'héritage de la reine Jeanne. M. Hanotaux a marqué l'influence des conceptions méditerranéennes que rapportèrent, dans les plis de leurs étendards, les survivants de cette épopée ; ainsi que, dans leurs bagages, les marchands et les prêtres de la suite. Parmi ces idées la moindre ne fut pas celle de s'adresser directement au Christ, à la Vierge par-dessus l'intermédiaire ecclésiastique. Cela fit proclamer Jésus, par Savonarole, seigneur de Florence. Également Marie fût princesse de Sienne. Et la sainte Catherine de cette ville s'écriait en parlant des ecclésiastiques : « Ils ne veulent pas m'entendre. Qu'ils le veuillent ou ne le veuillent pas : ils écouteront Dieu. »

Les ordres mendiants, adversaires des prélats, propageaient cette manière de relation directe avec la divinité. Déjà les Pastoureaux de 1251 n'avaient-ils point, à 60.000, suivi le maître de Hongrie qui se disait le sergent de la Vierge, prêchant la Croisade en pays picard, puis à Paris, ensuite à Rouen, à Orléans et ce, jusqu'à la mort du maître de Hongrie tué sur les rives du Cher par la cavalerie de Blanche de Castille? De même le sénéchal de Carcassonne, en 1320, avait dû vaincre, disperser, anéantir autour d'Aigues-Mortes les foules mystiques, marchant au nom de la Vierge, après avoir saccagé le Berry, la Saintonge, l'Aquitaine, le Languedoc. La Vierge pour laquelle les maîtres de Reims avaient construit la plus magnifique des façades, inspirait, en Occident, une émotion universelle et perpétuelle. Durant ce XIVᵉ siècle ensanglanté par les guerres de provinces à provinces, d'Angleterre à France, Notre-Dame semble aux paysans ruinés par les bandes militaires, aux chevaliers toujours en péril, le seul recours certain.

C'est elle qui tout à l'heure apparaîtra sur l'étendard de Jeanne d'Arc.

Au XVᵉ siècle son influence avait prévalu, dans le vulgaire, aux lieux des pèlerinages célèbres. Il y convergeait alors de telles multitudes, que bien des

femmes moururent étouffées par les fidèles encombrant,
de leurs ruées, telles églises afin de toucher les reliques.
De Reims, beaucoup se rendaient à ces endroits sacrés
pour y entendre les prédicateurs. Deux cents ans, les
imitateurs de saint François avaient parcouru l'occident de l'Europe, endoctriné les manants, les vilains,
les artisans, les bourgeois. On aimait les homélies.
Tous les grands apôtres étaient venus en France pour
y chercher la consécration, saint Dominique parti de
Castille, saint Thomas issu de l'Italie centrale. Dans
Avignon, un pape trônera jusqu'en 1429 bien que le
schisme en fait n'existe plus depuis la décision prise
au concile de Constance où Regnault de Chartres,
l'archevêque de Reims, représenta la France avec
Gerson, en 1414, et fit prononcer la déchéance des trois
pontifes rivaux. C'est à Reims que le miracle doit libérer le monde latin de l'ambition anglo-saxonne après
l'avoir libéré de l'appétit germanique.

Au Puy, le culte de la « Vierge Annoncée », de la
« Vierge Angélique » attirait un immense concours
lorsque la fête de l'Annonciation devait être célébrée
le Vendredi Saint, par une coïncidence étonnante, sur
le calendrier. En 1407, en 1418, en 1429, le fait se produi-
sit. Innombrables se présentèrent les foules de laïcs
et de moines devant le tableau où la Mère de Jésus
abritait, géante, sous un manteau relevé par les
saintes, les types d'une humanité minuscule, depuis
le pape, le cardinal et l'évêque, jusqu'à l'humble
moniale, depuis le roi couronné jusqu'à la pauvre
servante.

Isabeau Rommée, une bonne femme venue du pays
de Bar, de Domremy, participait à ces dévotions, à
ces extases, à ces tumultes. Elle entendit les prédicateurs faire l'apologie de la Vierge, au double anniversaire des jours où avait été conçu l'enfant divin et
où l'homme-dieu était mort pour le salut des bonnes

gens, pour ouvrir le paradis, et prodiguer sa justice aux malheureux.

Isabeau Rommée, tous les siens avaient l'horreur des longues guerres, des barons pillards qui justifiaient leurs crimes par la raison de s'associer aux desseins des Bourguignons et du roi britannique avec leurs bandes incendiaires et ravageuses en Lorraine comme dans le Barrois, comme en Champagne. Maintes adolescentes, maintes religieuses en fuite propageaient la haine de leurs odieux profanateurs. Les prêtres déploraient le vol des vases liturgiques. En mendiant, bien des moines exhibaient les moignons de leurs bras, de leurs jambes, amputés par la hache, ou les hideurs de leurs visages au nez coupé, de leurs têtes essorillées.

Une clameur de haine se propageait de Champagne en Lorraine, et de plus loin au Puy. Les vœux des pèlerins allaient au triste roi de Bourges, au Dauphin, timide près de sa petite armée, derrière la Loire. Or, l'envahisseur assiégeait Orléans qui se défendait avec vaillance. Le clergé de la ville conduisait les milices aux remparts sous les bannières bénites. L'image compatissante de la Vierge exaltait les bravoures des corporations. N'était-elle pas la mère du dieu crucifié, la mère de la douleur humaine et saignante, la mère des fils blessés. Quiconque souffrait en son orgueil, en ses affections ou en sa chair, en ses biens, se recommandait à Notre-Dame sur les murs d'Orléans et ailleurs. D'elle on attendait le salut. La sainte la plus récente et la plus vénérée, Catherine de Sienne, la fiancée de Jésus, devait à sa connivence avec cette Reine des Vierges et des Anges le prestige de ses miracles, de son influence sur le pape. A l'exemple de la Madone, la sainte de Sienne avait spontanément voué son corps à la chasteté absolue, dès l'âge de sept ans, puis coupé sa chevelure, pour marquer son dessein de vivre sans amour. Cela, tous les pauvres moines le

narraient avec émotion. Ils disaient quelle puissance
le vœu de virginité concède aux filles pieuses. Il
fallait une telle puissance, un tel prestige, pour sauver
la terre gallo-latine de l'emprise anglo-saxonne. Quand
donc surgirait l'élue du ciel ?

Devant les statues de Marie, dans les églises, ceux
que ruinait l'invasion priaient ardemment pour que
Notre-Dame, en quelque manière, se dédoublât, pour
qu'une vierge sainte parût et délivrât.

M. Hanotaux a subtilement analysé cette psychique
de nos aïeux, au XV⁰ siècle, dans son étude relative à
Jeanne d'Arc. Il a décrit savamment les concepts précurseurs de la Bonne Lorraine. Sainte Brigitte de Suède
qui avait, dans Rome, à la fin du grand schisme, ramené
Grégoire XI, étonnait encore les esprits. Sainte Colette
de Corbie de même s'en fut à Rome, pour remplir la
mission que lui dictaient aussi des voix, que lui dési-
gnaient des apparitions. Au temps de Charles VII, elle
réforma, selon les préceptes ainsi formulés par le ciel,
quelques ordres religieux.

Songeant à ces femmes extraordinaires capables d'accomplir de si grandes choses, les moines, les dévotes,
les veuves, les pèlerins revenus du Puy affluaient vers
la cathédrale de Reims, sous le triple portail que surmonte le triomphe sculpté de la Vierge. Ils l'imploraient
ardemment. N'allait-elle pas enfin saisir le glaive de
Charlemagne, chasser de son parvis, de sa ville, les gens
de Bourgogne et d'Angleterre trop enclins à la maraude
comme au viol, trop prompts à l'arrestation des bonnes
gens qu'on menait aussitôt vers les fourches patibu-
laires, vers le pilori, à moins que ce ne fût à la potence.
Notre-Dame laisserait-elle pâtir son peuple de Champagne ainsi ? N'allait-elle pas quitter le piédestal du portail, cette Vierge de l'Annonciation que l'ange avertissait
avec l'esprit de sa face riante ? Cette vierge rustique, un
peu innocente par sa figure ronde et par son corps de

pucelle en robe droite, ne saurait-elle ressusciter tout à l'heure, et bouter hors d'ici le Bourguignon avec l'Anglais?

Entrés dans leur basilique, que de Rémois saluèrent alors, sous les feux de la rosace, le chevalier du XIIIᵉ siècle, le vainqueur vêtu de mailles en fer, qui, du prêtre barbu, reçoit la communion, et aussi l'écuyer à l'armure écailleuse, à la targe ronde, aïeux, vainqueurs de Taillebourg peut-être, avec saint Louis! Depuis eux, que de malheurs à Crécy, Poitiers, Azincourt! Et toutes ces méchantes offenses d'Armagnacs à Bourguignons, de ducs à ducs, de Paris à Bourges. Et ces racolements de pauvres garçons en Champagne même; « Beau Sire Diex! » Et ces rudes exigences des percepteurs royaux vidant toutes les escarcelles, obligeant à vendre trop vite les moutons du berger, la vaisselle plate des orphelins, les toiles et les draps des marchands, les haquenées du bourgeois. Et pourquoi? Vraiment pouvaient-ils vaincre, s'écrient les grand'mères et les vieux moines, ces damoiseaux à manches trop longues, à poulaines recourbées, en robes de brocart à traîne, en chausses semelées, et qui emportèrent aux camps leurs ciels de soie pour la tente, leurs tapis de fourrures, leurs fourneaux d'airain propres à cuire les petits pâtés d'oiseaux? Nenni, par Diex. Tant et tant ont péri dans la plaine d'Azincourt! Huit mille gentilshommes percés par les flèches et les lances anglaises avant même d'avoir pu faire saillir leurs destriers hors de la boue. Et les bonnes milices du Vermandois exterminées avec leur bailli, en ce même Artois, ainsi que tant d'autres. Donc elles n'avaient point protégé la Champagne ensuite contre les bandes lorraines, savoyardes et bourguignonnes du duc Sans Peur, toutes pillardes et meurtrières aux pauvres gens, incendiaires toutes, et rebelles même à messire Guillaume de Chatillon, le maître de Reims pour le Roi Charles, et à ses chevaliers. Lesquels ne purent empêcher les châteaux, bourgs ni villages, aux environs, de prendre parti en l'honneur de l'une ou de l'autre bannière, de guerroyer entre eux pour le grand dam et dépit des marchands, laboureurs ou pastoureaux.

Rien ne put, à l'encontre de ces ravages, Renault de Chartres lui-même, le bon archevêque de Reims, qui fut depuis au concile de Constance avec Gerson, subtil docteur, pour finir le schisme, pour élire le pape unique de la chrétienté. Rien ne put même le nouveau duc de Bourgogne, Philippe de Bon, fils de Jean l'assassiné, qui promit ferme assistance lors de son entrée à Reims, par devant notre clergé le recevant avec les croix hautes, les bannières au soleil et les châsses dehors, entre les poinçons de vin clairet ouverts à l'intention des seigneurs et des archers, les septiers d'avoine, les étaux de carpes et brochets fraîchement pris. Rien ne put Madame Catherine de France, ensuite venue pour son mariage avec le roi d'Angleterre au détriment de Monseigneur le Dauphin ; ni la Reine Isabeau de Bavière bien que son apothicaire la réconfortât d'or potable, d'émeraudes dissoutes, de rubis alexandrins et de perles orientales, bien que ses oiselets chantants l'eussent rejointe en cages d'argent aux mains des pages afin de lui bailler belle humeur, bien qu'elle parût sur sa haquenée en robe de damas bleu de Lucques ample de quatorze aunes, puis en robe de damas noir et garnie par quinze cents ventres de menu-vair. Rien ne purent les époux que maria l'archevêque de Sens, au dimanche de la Trinité, ni le roi fou Charles sixième du nom, ni le duc Philippe, ni les seigneurs de son parti qui festoyèrent en vue des échevins, des abbés, du peuple criant « Noël ! Noël ! » par ordre des sergents, pique ou coutel au poing. Et c'était pitié de savoir toute la province en ce male état. Il n'était plus que monseigneur le Dauphin qui pût donner remède. Pour lui,

P. ADAM.   7

l'archevêque de Reims recrutait en Ecosse cinq mille hommes d'armes. Pour lui La Hire à Vitry, le sire Régent de Contivry, à Montarguellar, harcelaient de leur mieux Anglais ou Bourguignons.

Que de dimanches, l'an 1421, les bonnes gens de Reims vinrent supplier le sourire de l'ange et la grâce de la Vierge, et saint Nicaise avec sa tête dans les mains. Le setier de seigle valait alors quatorze livres. La disette verdissait les visages des amis. Elle émaciait les corps des adolescentes. La peste mettait en deuil les familles. Les riches fuyaient la ville. Huit mille pauvres y demeuraient seuls. En outre, les routiers, même ceux du Dauphin, enlevaient le bétail dans les faubourgs. Ils tuaient en un coup soixante défenseurs de la cité, puis capturaient quatre-vingts bourgeois pour en tirer rançon. La reine de Saba qui, de toute son élégance, semblait venir au-devant des fidèles sous le grand portail, ne pouvait-elle faire aumône de ses richesses et de ses caravanes? Le beau Dieu, le philosophe au visage grec du seuil septentrional, put-il consoler, par sa dialectique, les citoyens apprenant que, Charles le fol étant mort, un héraut d'armes avait crié : « Dieu accorde bonne vie à Henri par la grâce de Dieu roi de France et d'Angleterre » ?

Comment achever dans cette désolation les deux tours de la cathédrale auxquelles on travaillait depuis plus d'un siècle? Maçons et sculpteurs avaient péri dans les combats, sous les gonfalons des milices. Pourtant le supérieur des Carmes, Guillaume Prieure, propage qu'à Reims, plus de cinq cents bourgeois ont les fleurs de lys au cœur, et que le Dauphin disposera de la ville quand il voudra. Ce pour quoi cet ecclésiastique fut mené devers Jean Cauchon, lieutenant, pour le Bourguignon, du capitaine urbain, et tout aussitôt ébahi de s'entendre dire à la face : « Jamais roi anglais n'a régné en France. Jamais Anglais n'y régnera ! »

Ainsi le peuple espérait à l'ombre de sa basilique,
selon la doctrine de ses confesseurs. Les deux statues
sublimes de l'Ancienne et de la Nouvelle Foi, celle-là
les yeux bandés, celle-ci portant, sur la fierté de sa tête,
la couronne des impératrices, lui dictaient la certitude ;
et aussi tous les rois de pierre debout autour des
combles, tous les anges aux ailes levées par-dessus les
arcs-boutants extérieurs de la nef. Or les gens de
Reims demeurèrent si fermes en leur loyalisme que le
Dauphin compta sur eux, sur leur archevêque, devenu
le chancelier de France, pour se rendre maître de la
Champagne et mater le duc traître, Philippe de Bourgogne. Avec ses troupes, Charles se dirigea vers la
ville du sacre, marcha sur l'Yonne, voulut la franchir
au pont de Cravant, mais perdit là, en une seule rencontre, douze cents Écossais. Ni cet échec, ni celui de
Verneuil, un mois et demi plus tard, ne déconcertèrent
le courage de Reims. Non plus que la perte de Fère-
en-Tardenois, de Sézanne, Vitry, Sainte-Menehould,
Vertus, Epernay, même de Sermaize qu'avec un parent
d'Isabeau Rommée, Colin-Vauthon-Turlaud tué par un
coup de bombarde, défendit l'imperturbable La Hire
prédisant toujours la victoire du Dauphin, puis le sacre
« *qui que veuille* ». Même l'archevêque de Reims prêtait
alors seize mille livres tournois à Charles de France, et
continuait les enrôlements d'Écossais. Aux états de 1424,
convoqués dans Amiens sous l'autorité de Bedford, les
députés de Reims protestèrent bravement contre les
ravages imputables aux soudards d'Angleterre et de
Bourgogne, « *pilleries, roberies, rançonnements, prises de
corps non pas seulement en lieux prophanes mais lieux
saints... dont tout le pays est tellement dépopulez que
à peine est demouré audit pays de cent hommes ung
qui ne soient tous morts ou detruis... et tellement que
est en voye de plus estre, se provision brief n'y est mise* ».
Ces députés demandent qu'on rase les petites forte-

resses des environs; qu'on baille l'élection des magistrats et des percepteurs aux « habitants des bonnes villes qui mieux cognoissent quels gens sont propres à ces offices »; qu'on établisse de moindres garnisons, mais disciplinées, sous les ordres de fermes seigneurs dans les bourgs et les châteaux; qu'on laisse une fraction de l'impôt perçu dans Reims sous forme d'aides pour l'entretien des tours et remparts; qu'on expulse de Sept-Saulx et de Betheniville les piquiers, les arbalestriers habiles à se faire donner selon leurs besoins dans tous les environs de Reims.

Mais c'était là petit remède pour de si terribles maux. Et ceux de la ville continuaient de gémir en leur cathédrale point finie, tout encombrée au dehors, et depuis un siècle, d'échafaudages presque inutiles, de pierres abandonnées; quelques-unes étant détournées de leur destin pour servir aux tombeaux des prélats. Oui, le maître de l'œuvre, Colard de Givry, emploie ses architectes et ses maçons à construire un jubé devant le chœur; mais trop souvent il les emmène aux remparts et aux tours afin de consolider les défenses qu'insultent les bandes audacieuses de routiers.

Si le saint Jean de pierre gourmande, à l'intérieur de la nef, le vice d'Hérodiade, qui donc — lui demandent les dévots — a gourmandé Isabeau de Bavière livrant aux Bourguignons et aux Anglais, par l'infâme pacte de Troyes, tout le pays de France jusqu'à la Loire? La mère du Christ laissera-t-elle en cet indigne esclavage les fils de ses paladins? Était-ce pour y pleurer cette humiliation que Jean d'Orbais et Bernard de Soissons avaient conçu la merveille de cette nef? Était-ce pour ne rien obtenir de la Miséricorde qu'au bout de cette perspective, parmi la lumière du dieu, en sa présence, l'officiant sur l'autel accomplissait le sacrifice de la messe, élevait vers le ciel, dans le calice d'or, un peu de vin blanc, essence de la terre champenoise fécondée par cette lumière même ?

A genoux, les moines innombrables des ordres mendiants, les pèlerins venus en évitant les batailles et les rencontres périlleuses des grandes compagnies, les pauvres veuves, les orphelins, les mères des Armagnacs tués pour la cause du Roi, sous l'écharpe blanche, les paysans dépouillés par les bandes marchant avec la bannière des Bourguignons ou le léopard d'Angleterre, les frères et compagnons des bonnes âmes pendues haut et court, tous prient « Messire Diex » et Notre Dame de prendre en pitié la gent de France, et de lui bailler une vierge comme sainte Catherine de Sienne ou sainte Brigitte de Suède, ou Colette de Corbie, qui donnèrent un bon conseil pour la fin du grand schisme et la réforme de la mauvaise vie dans les cloîtres des ordres riches. Une sainte va-t-elle se révéler qui donnera un bon conseil aussi contre l'envahisseur ? Notre-Dame de Reims entendra-t-elle ?

Et c'est, dans la ville, une piété nouvelle pour la Vierge de l'Annonciation, devant cette fille des champs et sa figure ovale sous les bandeaux, sous le voile, devant sa figure d'enfant sage, volontaire en sa vertu, à quoi sourit la malice joyeuse de l'ange. Chaque dimanche, la procession des fidèles s'arrête à la sortie de l'église, sous le portail. La rédemption des hommes n'est-elle pas venue d'une telle jeune fille ?

La rédemption de la France en jaillira de même, si Dieu veut, et Notre-Dame.

Voilà ce que souhaitent les pages et les dames aux hennins cornus, avec leurs lapins apprivoisés dans les bras, les damoiselles modestes sous la coiffe, les écoliers aux chausses étroites, aux bonnets coniques plantés de travers sur leurs tignasses, les basochiens en robe courte, les moines noirs de saint Benoît dans leur orgueil, les novices tondus, rougissants, chuchotants, et les nonnains de congé, qui se pavanent en collerettes neuves, en manteaux de couleur, pour essayer l'œillade. Jacobins, Augustins, Frères mineurs ne parlent d'autre chose. Tels se disputent, quelques-uns tenant pour Philippe de Bourgogne, les autres plaidant pour le Dauphin. Et ce sont des gestes qui secouent les pèlerines de bure. Et ce sont des ana-thèmes qui sortent des capuces. En se fardant, en se plombant les sourcils, en se peignant la bouche, en fai-sant gonfler leur gorge dans le surcot, en drapant leurs traînes, que de belles espèrent la Sainte. De même leurs amis aux longues coudettes de soie dentelées. Des discussions et des rixes dans les tavernes c'est le sujet ordinaire, même entre ouvriers fainéants, valets, larrons, diacres, ivrognes, meschines oublieuses de leurs maîtresses.

XVI

Lors un pèlerin passe et murmure. Il confie que
le sire de Baudricourt a mené par devant le Dauphin,
à Bourges, une bergère de Domremy-en-Barrois. Icelle
reçut de Notre-Dame et des anges l'ordre de conduire
le prince devers Reims, pour le sacre, en dépit des
Anglais. Quelle rumeur agite les bouches dans les
boutiques, et sur les places, autour des puits ? Est-ce
la vierge attendue, cette fille d'Isabeau Rommée ? Elle
a endossé l'armure du chevalier, annonce un sergent.
Elle empoigne le glaive mystérieux caché derrière un
autel de Sainte-Catherine, divulgue un prélat. Elle
chevauche contre les agresseurs d'Orléans, avec
l'armée royale, certifient mille coureurs. A la façon
des braves, Jeanne donne l'assaut, criant : « A l'arme ! »,
se répètent les commères ahuries. Orléans est délivré.
Oui, proclament les écoliers par les rues du matin.

Va-t-elle venir jusqu'en Reims, la Pucelle ? question-
nent les groupes de marchands aux lourdes escarcelles.

L'émoi agite la cité. Les cœurs battent. Sonnent
aussi les cloches et trinquent les compagnons, et
chantent les moines à vêpres, à matines. On apprend
plus. Non loin de Jargeau, Suffolk et son frère sont
tués. La ville prise, Jeanne avance encore, promet
un Franciscain. Beaugency capitule. Oui-da. Los
à Notre-Dame du portail. Tuez le veau. Rôtissez
l'agneau. Oyez tous. Talbot et John Falstaff emmènent
leur armée en déroute. Elle fuit devant les charges
furieuse de La Hire. Il l'atteint. Il capture Talbot avec

les principaux seigneurs dans la campagne de Patay. Et celui-ci de dire : « Maintenant le roi Charles est maître de tout, il n'y a plus de remède ! »

Sonnez, cloches de Reims ! Comme, au-dessus de la rosace, David tue Goliath ! Messire Guillaume de Châtillon qui gouverne pour Bourgogne s'en va mécontent à Château-Thierry afin d'y résider.

Voici qu'un messager apporte aux échevins une lettre du prince. On court à la maison de ville pour entendre ça. Il les invite à le bien accueillir ainsi qu'à ses prédécesseurs il fut fait. Car il arrive « *plus par grâce divine que par œuvre humaine* ». Noël ! Certainement Reims le recevra, le gentil prince. Noël ! Regnault de Chartres l'archevêque se tient près de Charles déjà, le conseille et l'encourage. Qui l'ignore ? On le répète sous les enseignes branlantes, sous les courtines. Quatre bourgeois montent à cheval. Ils quittent secrètement la ville à l'aube de ce juillet. Ils se rendent auprès de Charles de Valois, après une oraison devant. Ils l'engageront à presser sa marche. Eux jureront de l'introduire en la cité, de le présenter aux cinquante rois de pierre debout sur le haut de la cathédrale, à Clovis dans son baptistère, à saint Louis couronné d'or plat, et qui l'attendent. Qui de Reims ne tremble de joie en y croyant ?

Noël. Noël. Le Dauphin est parvenu devant Troyes avec ses bombardes le cinquième jour de juillet. Ses douze mille hommes d'armes le suivent. L'étendard de Jeanne le précède. Dieu damne les seigneurs bourgeois de cette ville qui, méchants traîtres, écrivent à Reims : « Cette fille est une coquarde, une folle pleine du diable... Sa lettre de sommation n'a point d'esprit. Nous nous en sommes bien gaussés avant que de jeter au feu, et dédaignons d'y faire réponse. » Ces mauvais seront enchaînés par les démons comme les réprouvés que le diable entraîne dans le tympan de la cathédrale.

Voire. Rient-ils moins quatre jours après? Car le gentil prince et Jeanne ont refoulé, dans la cité de Troyes, la première sortie des Bourguignons et des Anglais, puis comblé, le huitième jour dudit mois, avec des fagots, les douves des fossés, et pris toutes dispositions afin de donner l'assaut selon l'ordre de la Pucelle. Si bien que, Guillaume de Châtillon ayant invité le Conseil de Reims à prendre parti, celui-ci lui mande de venir avec cinquante cavaliers seulement.

Lors, le neuvième jour, l'évêque de Troyes, ses chanoines et ses clercs, avec les seigneurs-bourgeois et aussi les gens d'armes, sont arrivés au camp du Dauphin. Ils se sont accommodés pour lui ouvrir les portes et jurer loyale fidélité, sous condition de garder les privilèges et franchises, licences de négoce, et de maintenir en leurs offices, fonctions, titres et bénéfices, les jouissants. Ce dont ceux de Troyes avertissent ceux de Reims pour qu'ils sonnent leurs cloches, en les priant de « faire comme eux-mêmes, au roi pleine obéissance, prince de la plus grande discrétion, entendement et vaillance, qui issit piéça de la noble maison de France. »

Et le onzième jour, l'archevêque de Reims confirme le succès du prince. Il exhorte à le recevoir bientôt pompeusement. Néanmoins Guillaume de Châtillon, le treizième jour, se présentait menant une très nombreuse escorte devant Reims. On le laissa entrer avec peu de seigneurs seulement. Lesquels vantèrent la puissance des Anglais, décrièrent la faiblesse du Dauphin, et voulurent persuader le Conseil. Lui de hausser les épaules. Châtillon dut repartir sans plus.

Or, ceux de Châlons mandent aux Rémois, après la réception du prince en leurs murs, le quatorzième jour, « qu'il est doux, gracieux, piteux et miséricordieux, belle personne, de bel maintien et hault entendement, et pour rien ils ne voudraient avoir fait autrement. Aldoncques et le plus tôt sans délayer, et pour le mieux, que les Rémois allassent au-devant de lui. Ils en recevraient grande joie et honneurs. »

Certes. Autant que les saints debout contre la façade ensoleillée de la cathédrale ; autant que les prophètes Isaïe, Ezechiel, David, les annonciateurs de Jésus sculptés si vivants à l'intérieur de la nef sous la grande rose. Elle colore de ses rayons la foule des nouvellistes en rumeur, tandis qu'au dehors on crie : « A l'arme ! A l'arme ! »

« Noël au gentil Dauphin ! Tirez. Tirez bombardes contre l'Anglais. Voleurs de bachelettes, vous en aurez la corde au cou ! Ruez canons. Ruez serpentines. On ne les prendra plus à rançon, ces chevaliers de Bourgogne, mais on les saignera comme veaux ou porcs, avec la miséricorde ! »

Le quinzième jour, les coureurs avertissent que Charles arrive. Il se dirige vers le château de l'archevêque à Sept-Saulx. On coupe les branches pour orner les maisons. Le seizième jour, Regnault de Chartres entre à cheval, la mitre en tête, la crosse au poing, droite sur le soleret, devant ses écuyers et ses moines. Directement il va vers son palais, près de Notre-Dame, parmi le peuple en délire, jetant ses bonnets au ciel, parmi les milices des corporations qui brandissent leurs piques, se forment au son du cor, coiffent leurs chaperons de fer.

A ce bruit, les zélateurs de Bourgogne et d'Angleterre décrochent leurs armes, gagnent les poternes et la campagne par les ruelles, en baissant la tête sous les carreaux d'arbalète que leur décochent, ici et là, des ennemis personnels, créanciers, ou maris malheureux. Maintenant l'archevêque certifie l'arrivée du roi aux échevins accourus dans sa chapelle, et qui se pressent sous les arceaux, tout prêts pour l'adoration du prince que leur ont conseillée, par leurs postures légendaires, les Rois Mages en relief sur le tympan du portail. Quatre délégués partent avec les clefs de la ville, pour Sept-Saulx. Cependant, houspillé, honni par la populace, le détracteur de la Pucelle, le lieutenant Pierre Cauchon, fuit, tibube dans sa lourde robe et s'enveloppe la face avec l'écharpe de son chaperon.

Le lendemain, suivant de peu les lettres d'amnistie qui pardonnaient à tous, autorisaient l'impôt municipal pour la défense et la fortification de la ville, tels chevaliers de Charles VII pénétrèrent sous leurs pennons et gonfalons à monstres héraldiques, sous leurs cottes d'armes à devises brodées, selon le pas de leurs lourdes bêtes cuirassées, caparaçonnées, empanachées. Les lances hautes semblaient nombreuses et denses comme les baliveaux d'un jeune bois. Tous les pigeons s'envolèrent.

Dressés sur leurs roussins, les trompettes élevaient les bannières de leurs seigneurs, celles d'Alençon, de Clermont et de Vendôme, avec les blasons d'or, de sable, d'argent, de gueules. Les poursuivants d'armes portaient des chapeaux à plumes multicolores, des cottes à quartiers d'armoiries. A cheval, les ménétriers, clairons et batteurs de tambourins répondaient, de toutes leurs notes bien sonnées et frappées, aux cloches des églises. Pour l'effroi des corbeaux croassant, il flottait au ciel du velours cramoisi, du velours smaragdin, de l'hermine, et les franges des bannières, les soies des oriflammes.

Or, sur un destrier retentissant, couvert d'une housse à fleur de lys, seul et tout en fer, du heaume aux solerets, parut, dans le prestige de ses victoires, le Roi.

Le peuple cria « Noël ! Noël ! » à ce grand nez, au large sourire, aux yeux de malice qui étaient l'intelligence de la patrie entre cette visière levée et cette mentonnière de métal.

Après, le peuple acclama de même la chevauchée des ducs et des comtes. Aux blasons on reconnut Vendôme, Clermont, Alençon, Albret, La Trémoille, Laval, de Rais, Xaintrailles, Argenton, La Hire, Mailly, le maréchal de Boussac. Centaures d'acier tumultueux, ils poussèrent leurs palefrois en housses armoriales, parmi leurs écuyers, leurs pages, leurs hérauts. Ils étaient ce qui décide, et ce qui commande, et ce qui triomphe. La Force.

Les bonnes gens sentirent, dans leurs entrailles, vibrer l'air ému par le pas des chevaux, par le cliquetement des armes, par la marche des arbalestriers, des coustelliers vêtus mi-partie ; par l'approche de l' « Espérée ».

Soudain, dessus les bonnets de fer et les pointes des piques, on aperçut les figures de l'Annonciation dans le triangle du pennon tant de fois décrit : celui de La Pucelle.

Elle-même fut là tout de suite, innocente et courte, sur un gros palefroi, l'étendard en main. Nu-tête, elle priait au centre de sa chevelure coupée en rond.

A trois reprises, très joyeusement, elle cria « Jhesus ! Marie ! » comme il était inscrit sur la toile blanche de l'étendard aux franges de soie, où paraissait le Sauveur entre ses deux anges peints. L'extase de la foule répétait la double invocation, attendant que le Sauveur et sa Mère apparussent dans le ciel, plus haut que les animaux plats des enseignes, plus haut que les toits pressés des maisons et les pointes des tourelles.

Tous regardaient là, sans même voir les hommes de trait en jaquettes vermeilles avec la croix blanche, le carquois sur les reins, et l'arbalète à l'épaule, ni les chevaux de charge aux fardeaux recouverts de tapis, ni les valets de chiens avec leurs lévriers, ni les fauconniers avec leurs oiseaux encapuchonnés sur le

gant de cuir, ni les lavandières et ribaudes sur leurs
ânes bâtés, ni les combattants à pied, qui faisaient
masse en haillons poussiéreux et coiffés de pots, le dos
courbé sous leurs besaces, leurs grands écus et leurs
longues piques, ni les couleuvrines qui roulaient par
quatre roues basses au pas des mules, comme les
charriots pleins de boulets en pierre.

Or, dans le ciel, apparut la seule divinité de la
lumière. Mais entre les tours de Notre-Dame, auxquelles
on ajoutait depuis cent ans, et plus, sans qu'elles
fussent encore munies de leur faîte, entre elles deux,
chatoyait la rosace énorme et solaire derrière le
triomphe sculpté de la vierge recevant, du Seigneur, la
couronne. Parmi les anges malins de Reims parmi les
filles ailées de Reims, elle accueillait le triomphe de la
Pucelle si petite sur le gros cheval, si rieuse aussi
dans le soleil de juillet.

Le triomphe allait au triomphe. Certes la reine du
Ciel siégeait trop haut dans l'édifice comme au firma-
ment pour être bien discernée : mais, plus bas, sur l'ébrasement du portail central, la Vierge de l'Annonciation
rustique et jeunette, fut comme la sœur de la Pucelle
qui, à l'approche de l'autel, cessait de rire. Elle inclina
son étendard. Elle saluait timide, ses paupières closes,
les figures des anges. Reconnaissait-elle ceux qui
l'avaient avertie de sa mission, par leurs voix ?

Les Voix.

Les gens de Reims se pressaient afin de la mieux
contempler, la sainte, la rédemptrice. Les clercs cou-
doyaient les bachelettes, les damoiselles heurtant leurs
gros hennins. Les damoiseaux en pourpoints de
gueules ou d'azur, en chausses collantes, piétinaient
les traînes des dames. Les ribaudes aux seins nus
dans leurs corsets bas se poussaient entre les mauvais garçons coiffés de leurs tignasses rondes et mal
rasés, les poings dans la ceinture. La clameur disait :

« Gente pucelle de Lorraine ! — Noël. — Il fait beau
la voir montée, bardée. — Avisez la pastourelle. —
Du premier coup qu'elle férit elle abat les donjons —
Il fait beau voir luire ses armes sous l'étendard doré.
— Haro ! — Haro ! — Bourguignons et Anglais vous
aurez la corde sous le menton. — Violeurs de femmes.
— Brûleurs de maisons. — Vous ouirez la messe que
vous diront corbeaux ! » Beaucoup hurlaient ainsi
devant les hostels des Bourguignons enfuis, et cas-
saient les vitreaux à coups de pierres. « Ruez canons ;
Ruez bombardes ! » criaient les meschines, les Mathe-
lines et les Alix aux canonniers. — « Suivons l'ost en
sa guerre ! Compagnons ! » se criaient, dans leur
enthousiasme, les écoliers. « Butin nous gagnerons.
Bon bruit nous pourrons acquerre !... »

Jeanne semblait ne rien entendre. Elle avançait
devers la Vierge de la Visitation, au milieu des chevaliers ayant là mis pied en terre.

« Ah ! gentille pastoure qui Anglais tant fort greva !
répétait la foule de toutes ses faces glabres sous les
hennins, coiffes, tignasses et chaperons, et celle qui se
démenait en lourdes robes de cendal, en pourpoints
brodés, en chausses à devises. — Ah ! gentille pastoure qui tous les avez mis en fuite ! — Laus ! Laus !
au Seigneur Dieu qui, par ce bras de fille, a bouté nos
grands ennemis hors d'ici. — Çà regarde cet ange-ci,
— Gabriel ? — Le messager qui porte la nouvelle à
Marie. — En l'honneur de Marie, Vierge de prix, voyez-
la s'agenouillant. — Sur ma foi ! c'est la sœur devant
la sœur ; ma mie !... »

En effet, beaucoup le pensèrent. La Vierge de figure
rustique qu'avertissait l'ange Gabriel, sourire de Reims,
ressemblait à Jeanne de Domremy. Et tant que la plupart s'émerveillaient. Ils la touchaient du doigt di-
sant que Notre-Dame s'était ainsi dédoublée, puis
armée de pied en cap, pour conduire le Dauphin à la

basilique des sacres... D'autres alors cherchèrent
dans le haut de la cathédrale, sur le rang des Rois,
« duquel tenait » ce Charles tout en fer. Il pénétra dans
la nef derrière ses hérauts, avant ses barons, devers
l'archevêque, les évêques, les chanoines et les abbés
emplissant la perspective de leur masse dorée, blanche
et noire, de leurs cierges en feu, de leurs croix bril-
lantes et de leurs crosses à joyaux.

Le roi et la cathédrale s'unirent dans la victoire clai-
ronnante.

Encore une fois l'esprit de Reims reconstituait la
patrie, l'esprit de Reims, par l'entremise de son arche-
vêque-chancelier, Regnault de Chartres, qui avait soutenu la cause de la Pucelle, et beaucoup aidé, de ses
conseils et avis, les partisans de la marche vers la
cité de saint Nicaise.

Au prochain dimanche quelle fête ce fut dans les cer-
velles de la ville et parmi les gens d'armes qui bivoua-
quaient sur les places, logeaient aux remparts, aux
halles ou chez les bourgeois. Il y eut de bon matin un
rassemblement à l'hostellerie de l'Ane-Rayé. Le père de
Jeanne y recevait le salut des échevins et des prud'-
hommes. Il maudissait le duc de Bourgogne qui n'avait
point daigné répondre à l'invitation de la Pucelle le
priant « d'assister au sacre du roy, le dix-septième
jour de ce présent mois de juillet, en la cité de Reims ».

Un chevalier qui passa et son cheval en housse de
damas blanc brodé de myosotis, surprirent l'admiration. Ils provoquèrent les ovations des vilains heureux
de ce luxe. Le roi était bien le vrai roi qu'entouraient
tant de beaux gentilshommes opulemment parés. Il
l'était autant que les princes de pierre là-haut debout,
et alignés entre les deux tours de la cathédrale, au
niveau du deuxième étage, dans les niches à trèfles,
autant que le Clovis baptisé là par saint Remi, couronné par sainte Clotilde, autant que les rois de Juda

au nez sémite, aux bouches lippues, aux barbes en
boucles, autant que le Salomon guidant le compas
tenu par l'architecte du Temple.

Et encore : voici que s'avance un seigneur en acier
lumineux « droit sur la housse de drap esmerauldin » qui recouvre le piaffement du destrier, lequel a
coûté une somme inouïe à Châlons. C'est Jean de Sarrebrück. Et d'autres gentilshommes montent de semblables bêtes également vêtues, masquées d'étoffes
somptueuses, d'armoiries chatoyantes, également ornées de panaches entre les oreilles, également suivies
de cavaliers porte-lances, d'écuyers porte-targes. Voici
des chevaliers radieux par leurs armures entières, bien
articulées, des escortes trottantes, casquées, terribles,
retentissantes, des archers mi-partie, blasonnés à la
poitrine, gracieux dans leurs chausses d'écarlate
étroites, et sous leurs chaperons de fer bosselés par
les coups bourguignons.

Pour les voir les bourgeoises à longues traînes, à
larges manches, sortent en atours de leurs maisons ; et
les servantes, bras nus, enfarinés : et les varlets fourbissant qui son aiguière, qui son plat d'argent ; et les
maîtres-queux plumant la dinde, la poule ou le paon.
Toute la joie de Reims caquetait sous les monstres
des enseignes pendues. Elle se plaisait au spectacle des
cavalcades successives, des seigneurs et de leurs
montures ; celui-ci et sa bête couverts de damas cramoisi broché d'argent, bordé de zibeline, celui-là de
satin azur lamé d'or, bordé de fourrure blanche, cet
autre de damas noir et de plumets verts. On attendait
le passage des évêques d'Orléans et de Léon, de l'amiral de Culant. Dans les cuisines, on soignait les rôtis
à l'hypocras blanc, les figues cuites au sucre, les pâtés
d'alouettes, les carpes bouillies dans le jus d'oranges
rouges, les écrevisses au poivre, les flans à la crème
d'amande, les cerneaux à l'eau d'anis. La fumée des

grillades sortait de toutes les fenêtres et de toutes les
portes. Bien que l'ennemi eût ravagé partout, chacun
avait su, depuis trois jours, découvrir, dans la campagne, les légumes, les poissons et les fruits propres
à faire chère lie avec les hôtes de l'armée royale.

Ainsi, tout ce que produit, tout ce que nourrit le sol
de la Champagne contribuait au plaisir de Reims qui
reconstituait une fois encore la patrie des Gaules latines.
Le vin moussait dans les pots, essence même de la
terre où s'était, de siècle en siècle, formé cet esprit
opiniâtre pour réliser l'idéal qu'attestaient le symbole
de sa cathédrale, la loi de ses clercs et de ses archevêques.

En effet, les acclamations des artisans, des bourgeois,
des marchands, des villageois accueillirent une superbe
chevauchée, le maréchal de Boussac, les sires de Gra-
ville et de Rais, l'amiral de Culant. Ils se rendirent à
l'abbaye de saint Remi parmi un grand concours de
peuple, afin de quérir l'ampoule du Sacre. Ils la rapportèrent sous les fleurs que, des fenêtres, leur jetaient
les enfants. Roses de juillet, marguerites et mauves.
Maintes fillettes ballaient devant, et chantaient en
l'honneur de « Marie pleine de grand renom »

> Afin qu'aux jours funestes
> Que tous jugés serons
> Puissions être à la dextre
> Là-dessus avec les bons.

Et ainsi proclamant les vertus de Notre-Dame, ceux
de la ville allèrent à grand bruit et à grands flots
jusque la magnificence de la cathédrale ornée de verdure comme au jour des Rameaux. A l'ange de l'Annonciation, au sourire de Reims Jeanne d'Arc fut, par
une grande clameur, présentée. De même ce fut Charles
de Valois au saint Remi et aux rois en ligne debout
là-haut entre les deux tours, par-dessus la rosace im-

mense et irisée, par-dessus le colosse de Goliath et la beauté du jeune David. N'était-elle pas, la pucelle, bergère comme David, et, comme lui, n'avait-elle pas abattu l'ennemi de la nation ? La foule en atours, avec ses branches et ses fleurs, assiégeait, de ses nombres aux visages heureux, le noble édifice. Pour le miracle de Jeanne, elle remerciait l'élégance de la Reine de Saba, la dignité de Salomon, la rudesse des saints antiques, la sagesse des penseurs, l'immuable foi de ces apôtres trapus et barbus, l'allégresse de ces anges semblables à des cousines malicieuses, toute cette parenté familière, qui avait exaucé le plus fervent des vœux.

Chacun retrouvait ses plaisirs d'enfance parmi les géants des cariatides, les animaux des gargouilles et les gnômes marmousets supportant les piédestaux. Chacun avait grimacé comme leurs grimaces. Chacun reconnaissait un père dans ce saint Joseph narquois, un aïeul dans ce vieillard Siméon si bellement barbu, une sœur dans la pure Marie de la Présentation, une tante quelque peu revêche dans la prophétesse Anne, un marchand dans le pasteur corpulent, au poil bouclé et au bonnet pointu. La gent rémoise entière se mirait dans les statues jadis ébauchées selon les modèles de la race, selon ses jeunes filles moqueuses, ses doctes prélats, ses bourgeoises imposantes, ses orateurs érudits, ses échevins avisés. Entre le silence de ces personnages et les cris de cette foule, la Pucelle, le Dauphin, leur chevalerie, parurent une minute embrassés. Le passé de Reims, ses espoirs et ses leçons, le présent, ses joies et ses forces fraternellement aimaient, de leur même foi, Jeanne de Lorraine, Charles de Valois, leurs preux de fer solennels, les gonfalons, les bannières, le hérissement des lances, les pennons et les oriflammes, les beaux destriers en housses armoriales. La face de Reims, la cathédrale les honorait par les

attitudes de ses rois rangés là-haut, de ses anges aux
ailes partout dressées, par les feux de sa rosace, par
le triomphe sculpté de la Vierge accueillant le triomphe
sonore de Jeanne entre les clameurs des trompettes,
les roulements des tambourins et les ovations du
peuple.

Mitre au front, dalmatique au dos, crosse en main,
Regnault de Chartres, les évêques d'Orléans et de Seez,
l'évêque-duc de Laon, l'évêque comte de Châlons
brillaient sous le portail central, en leurs postures de
pairs ecclésiastiques, tandis que les pairs laïques, le
duc d'Alençon, les comtes de Clermont et de Vendôme,
les sires de La Trémoille et de Mailly, illuminaient de
leurs armures la nef de lumières. Ils y marchaient, nu
tête, derrière Charles d'Albret, faisant fonction de con-
nétable, et tenant, à deux poings, l'épée du royaume.

Faute de temps et de personnes, la cérémonie fut ré-
duite, brève. Regnault de Chartres éleva l'ampoule
par-dessus la chevelure découverte du prince à
genoux. Dans l'espace que diapraient les rayons des
vitraux, l'altitude immense de la coupole rendait minuscule la foule en couleurs, en lueurs, aux bases des
colonnes groupées, blanches, si haut jaillies vers leurs
chapiteaux de feuilles vivaces.

— Au nom du Père, du Fils et du Saint-Esprit je te
sacre, avec cette huile sanctifiée... proclame l'archevêque.

Puis il place sur la coiffure royale une couronne
ancienne retrouvée dans les trésors de saint Remi. Il
s'écrie, les bras étendus, la crosse au ciel :

— Vive le Roi à jamais !

Charles VII apparut, dans l'hermine et l'azur à fleurs
de lys, dans la cuirasse de sa poitrine, dans les armures de ses jambes fermes. Il se tourna vers sa chevalerie. Il salue les pennons, et les écus blasonnés. Il
bénit ses bonnes gens de Reims aux mille faces pâles

de joie. Cependant Jeanne, prosternée devant l'autel, son étendard debout, achevait une fervente oraison.

Or, la libératrice se releva. Elle vint au monarque. Elle s'agenouilla. Elle embrassa les jambes de fer, en pleurant. Elle sanglota :

— Gentil Roy, est exécuté le plaisir de Dieu qui voulait que levasse le siège d'Orléans et vous amenasse en ceste cité de Reims, recevoir vôtre saint sacre, en montrant que vous este vray Roy et celuy auquel le royaume de France doit appartenir.

Paroles qui signifiaient l'œuvre entier de l'Eglise, son dévouement à l'unité de la patrie latine.

Reims avait accompli sa mission, et reforgé, par l'entremise de la sainte, un état fier de sa puissance, capable de l'agrandir selon la volonté de César, de Charlemagne, à l'encontre dès Barbares, en dépit des héritages et dotations à la mode germanique des féodaux.

Le sens latin de la patrie était, par le prodige de la Pucelle, enseigné pour toujours à la nation des Gaules.

Quittant l'église conçue par Jean d'Orbais, parfaite par Bernard de Soissons, il se put que Jeanne d'Arc se retournât pour contempler la mort du Christ sur le calvaire de pierre, au-dessus du portail, et à la dextre de la Vierge triomphante. Une tradition affirme qu'ayant vu, la sainte se signa dévotement, et que les larmes ruisselèrent le long de sa figure innocente. Eut-elle alors, l'Inspirée, une prévision de son propre supplice, plus cruel encore que celui de Jésus; et sur le bûcher de Rouen? Après l'exaltation de sa joie pour la tâche victorieusement finie, selon les conseils des voix célestes, la bonne Lorraine connut-elle l'horreur d'imaginer sa torture, et l'abandon pareil à l'abandon du Galiléen sur le chemin du Golgotha? Jeanne sut-elle qu'aussi bien elle payerait, de sa vie, la rédemption de sa patrie, comme le Christ avait payé la rédemption des hommes?

Ce ne fut qu'un instant. Au soleil de juillet, la foule acclamait, chantait sa liesse. Les enfants semaient leurs roseaux verts sous les pas du cortège. Toutes les maisons s'engüirlandaient. En abaissant le regard, Jeanne, certes, aperçut l'ange de l'Annonciàtion, le sourire de Reims qui la remerciait comme il avait autrefois remerciè Marie pour toute la gloire et pour toute la douleur de son enfantement divin.

XVII

Ces prestiges en quelque sorte miraculeux de Reims, et ces efforts de son esprit pour sauver ou recomposer la nation gallo-romaine, c'est là ce que les disciples de Hegel, de Treitschke, de Nietzsche et de Bernhardi considéraient sans doute comme une force mystique incluse dans la cathédrale. De Witry, chaque soir de crépuscule humide, ils en contemplaient le beau fantôme, comme isolé; la ville demeurant, à cette heure confondue, avec ses brumes. Les officiers allemands pouvaient bien entrevoir, dans la majesté de ce vieil édifice, le talisman de la Force qui les arrêtait en Champagne, qui les décimait sur l'Yser, en Artois, à Verdun, qui se cramponnait devant Altkirch.

Car, en toutes les époques où la guerre se prolongea, il advint aux agresseurs de soupçonner une intervention surnaturelle, protectrice du défenseur. Comment l'eussent-il pu croire capable d'égaler par la bravoure ou le génie la race d'abord conquérante ? Souvenez-vous de cette lettre point achevée que l'on trouva sur un lieutenant hanovrien en 1914 : « Plaignez-nous de combattre un ennemi que nous méprisons. »

Chaque invasion entravée par les courages de ses adversaires supposa les vertus magiques d'un palladium enfermé dans leurs citadelles. Tant de déboires s'accumulèrent, pour étonner l'impatience de soldats éprouvés par les nouveaux supplices, par les effroyables catastrophes de la dernière lutte ! Aujourd'hui, néanmoins, les savants n'attribuent guère à une puissance ésotérique les inhibitions de cette sorte. Aussi les états-majors recherchent-ils ailleurs les racines de la vigueur morale dressée contre leurs calculs et contre les assauts que leur doctrine stratégique estimait irrésistibles. D'inductions en déductions, le commandement finit par admettre les pouvoirs de symboles suggérant des idées favorables à l'énergie de la résistance. Il croit aussi que la destruction de tels monuments frappera l'imagination des foules, en désespérant les esthétes des élites, en décourageant l'âme des clergés. Abolir cette beauté, ne sera-ce point, aux yeux d'une multitude peureuse, le témoignage immédiat de la supériorité qui fatalement s'imposera, et qu'il sied mieux de, tout de suite, reconnaître?

Voilà donc une assemblée de généraux et de capitaines allemands instruits, comme nous, de l'esthétique, professant une semblable vénération des chefs-d'œuvre. Elle décida, pourtant, le 7 septembre 1914, d'amoindrir notre constance développée par la victoire de la Marne en incendiant la tour nord de la cathédrale. Le crime fut. La chute de la poutre embrasée décapita l'ange de Saint-Nicaise. Elle brisa l'un entre ces ineffables sourires de Reims.

Msr Landrieu, alors curé de la cathédrale, a conté dans un livre, fort exactement, la catastrophe. Il a dit comment les blessés allemands furent hospitalisés dans la nef que sépara, du transept et des autels où l'on ne cessa de dire la messe, une cloison de toiles ; et comment leur état-major fut averti de cette présence afin qu'il épargnât l'ambulance, les siens. Durant l'occupation de Reims, la Kommandantur et le prince Auguste n'en avaient-ils pas eux-mêmes ainsi décidé ? Cependant, au matin du 18, les artilleurs de Witry-Nogent décochèrent un premier obus qui, crevant un vitrail, blessa quinze hommes, fit sauter des moellons.

adjacents vers deux Boches aussitôt écrasés avec le gendarme responsable de ces pitoyables captifs.

Ainsi les commandants des batteries impériales, sur les collines orientales de Reims, froidement, résolument, et par ordre supérieur, assommaient leurs soldats. Non pour obéir à une atroce nécessité de la lutte, comme parfois il s'en impose, où il faut sacrifier quelques vies pour sauver un grand nombre d'autres; mais, dans un simple accès de rage, afin de riposter, par la destruction d'une beauté insigne, à la manœuvre plus ou moins heureuse de nos troupes sur le terrain de Craonne, ou sur le massif de La Pompelle. Les disciples de Nietzsche à trois galons, se croyaient-ils des Zarathustras meilleurs parce qu'ils épouvantaient, dans la cathédrale, leurs frères surgis de la paille en hurlant, en se dressant sur leurs moignons, en tenant leurs ventres ouverts, ou leurs crânes fendus, en gémissant sur les mains françaises qui les emportaient vers la tour des cloches, abri relatif, et les couchaient le long des marches étroites? Ou bien les élèves casqués de Treitschke ont-ils naïvement cru que le peuple de Reims, que nos esthètes de Paris, que nos prêtres de France convaincus par cette volonté de détruire l'excellence des arts, même en tuant aussi des guerriers germains, obligeraient nos états-majors à consentir la capitulation de Reims; motif de découragement national et peut-être définitif?

Apparemment. Car, leurs canons précipitèrent les coups : « On suivait à l'oreille la direction des obus, écrit Msr Landrieux... On les sentait venir sournois et menaçants, et, brusquement, éclater tout près; ou bien passer avec leur sifflement rageur, au-dessus de nos têtes, pour aller faire des malheurs un peu plus loin. On repérait, le cœur serré, le point de chute. On constatait la plaie sans avoir vu le coup : un mur qui s'effondrait, un toit qui crevait, comme une croûte

molle sous un choc furieux, invisible ; puis une
gerbe de fumée noirâtre, épaisse, pesante qui jaillissait,
énorme et puissante, comme du cratère d'un volcan :
et le bruit de l'explosion ne nous arrivait que longtemps après ».

Là-bas, les Méphistophélès et les Fausts marquaient,
sur leurs plans, les lieux joints par leur tir qu'ils rec-
tifiaient à mesure. En effet, leurs obus ne percutaient
souvent que le parvis, ou le voisinage. Les 105 ne
réussissaient pas toujours à projeter les pierres de
l'église sur le plomb des verrières, sur l'effroi de cent
blessés. Tantôt un arc-boutant extérieur était seulement ébréché. Tantôt le pan d'un pinacle s'éboulait
en une avalanche de débris. Les observateurs de Witry
ne voyaient pas encore la tour s'abattre, ni le toit flamboyer. Obstinément, dans tous les postes, dans toutes
les fermes ou ils s'étaient clapis, les calculateurs s'ap-
pliquaient pour mieux faire. Ils téléphonaient à leurs
batteries les modifications possibles.

En leurs uniformes verdâtres, les étudiants instruits
naguère, à Bonn, par l'esthétique de Lessing, s'éver-
tuèrent à l'oublier, la tête dans les mains, à rendre plus
efficace la foudre de leurs canons. La pipe en bouche,
des intelligences, jadis éveillées, dans Heidelberg, par
la doctrine de Leibniz, se rappelaient que, d'après lui,
le principe de la vie c'est la force, et qu'il convient
d'agir avec elle, dans le sens de sa plus large expan-
sion. Au milieu de l'après-midi, enfin, une fumée per-
sista dans les oculaires des jumelles. Elle émanait bien
de la cathédrale, de sa tour nord. Sans doute brûlaient-
ils les échafaudages que les junkers avaient, durant leur
séjour à Reims, critiqués, en déplorant la lenteur latine
pour achever un simple travail de réfection. Tous les
téléphones sonnèrent de poste en poste, depuis Witry
jusqu'à Nogent et jusqu'à Brimont. En riant les joies des
barbares s'apprirent que le chef-d'œuvre s'enflammait.

Les Leibniz l'annonçaient aux Kants, et les Hegels aux Nietzsches. Sous tous les casques à pointe, les esprits s'instituèrent surhommes. Méphistophélès avait réussi. Son enfer dévorait l'église de saint Rémi. Toutes les batteries précipitèrent leur action. Les marteaux ailés du vieux Thor frappèrent la ville des sacres frénétiquement. Un autre étage fume. Trois. Quatre. La tour du Nord s'enveloppe de nuages noirs. Déjà scintillent les étincelles. Déjà voltigeaient des flammèches que, là-bas, dans le nef, les prêtres saisirent à leur entrée par les trous des vitraux, de crainte qu'elles ne missent le feu aux litières des Allemands. Hoch ! Hoch ! Hurrah. Le palladium de la France s'embrasait sous les yeux des Schopenhauers et des Fichtes. Le rire dilatait les larges joues des buveurs de bière. Le sourire fendait le profil des junkers élégamment maigris. Cependant, par delà l'espace et les collines où s'exterminaient les brigades au combat, éclatait la grande rosace et les mille couleurs de ses joyaux, qui pleuvaient sur le sol, qui s'illuminaient dans l'unique rayon de soleil soudain apparu, pour un instant.

Bientôt flammes et fumées parurent s'écrouler, puis rejaillir. Méphistophélès ricana. Songeait-il à ses fils blessés que la catastrophe torturait dans leur paille en feu ? Ou s'imaginait-il les prêtres latins tentant de sauver, à travers l'incendie, leur sainte ampoule des Sacres, leurs reliquaires, le vaisseau de sainte Ursule, le calice de saint Remi ? Méphistophélès dirigeait-il la liesse des âmes germaniques contemplant le clocher de l'Ange au milieu des tourbillons noirs et des étincelles jaillies, s'affirmant : « Le Dieu de Luther est avec nous. Oui. Cela gagne la toiture. Comme le plomb ancien doit fondre et ruisseler, fuir par la gueule même des monstres en gargouille, et pleurer profondément jusqu'au cœur de ceux qui là-dessous se hâtent ! Boum ! Un autre éclatement sur le faîte. Et celui-ci. Et celui-là. Hurrah pour les pointeurs de la VIIe armée. Rien, rien ne résistera de l'énorme charpente sous laquelle, tant de fois, l'église latine a reformé cette Gaule impudente. Qu'on téléphone aux batteries de redoubler. Périssent nos blessés horriblement, et par nos coups, mais que, du moins, sóit anéantie avec eux, la basilique de Clovis, de Bouvines, des Croisades, de saint Louis, de Charles VII et de Jeanne d'Arc! C'est le cœur de la France que nous brûlons. » Ils ne savaient point qu'à cette minute même, un latin, le curé Andrieux, couvrait, de sa poitrine, leurs camarades menacés dans la fuite par une section de poilus dociles à l'ordre de garder les captifs, puis par une bande furieuse de passants.

Les Boches étaient incapables de penser cela. Ils attendaient plutôt, avec l'impatience de la rage, que le clocher de l'Ange vacillât parmi les pourpres actives de l'enfer, qu'il s'inclinât, qu'il s'abîmât vers le sud avant un nouveau jet d'étincelles et de flamboiements.

Les Barbares purent saluer, d'une voix, cette chute. Devinèrent-ils que les poutres de l'échafaudage, en tombant, décapitaient l'élégante Reine de Saba, même l'Ange du Sourire qui promettait à saint Nicaise, l'immortalité? Les disciples de Lessing espéraient-ils que les corps de Clotilde, Remi, Sixte et Thierry seraient aussi complètement massacrés, que les acteurs du Crucifiement seraient à ce point râclés, défigurés, amputés, que le royal musicien ne conserverait que ses jambes et sa harpe, que la Vierge du Couronnement, que la grâce de ses anges seraient autant déformés, que le David à l'aspect hellène aurait les poings rompus, que Notre-Dame du portail central serait cruellement rôtie afin de plus tard s'effriter, que tant d'autres visages ne paraîtraient plus sinon comme de blancs fantômes, des fractions inexpressives de la matière sans vie, des blocs. Elevés dans l'admiration de la foule médiévale que leur poète fit surgir autour de Faust, les fils de Gœthe purent-ils donc se réjouir, la jumelle aux yeux, devant cette horreur. Les types de l'ancienne Champagne perpétués par l'art de sculpteurs fidèles aux Maîtres de l'OEuvre, sombraient dans la fournaise qu'attisaient les projectiles d'Essen. La paille amassée dans la nef, près du portail occidental, pour soutenir la douleur des Siegfrieds et des Parsifals malheureux, s'allumait[1]. Elle brûlait sans merci les délicates statuettes formant des scènes pieuses, en une cinquantaine de niches agréablement trilobées, feuillues, parées d'un charme rare. Tout cela, sauf la communion du Chevalier, n'est plus. Un mur griffé, ravagé dans lequel se profilent encore de pauvres images indécises, frustes, qu'usa l'ardeur du feu ; voilà ce qui subsiste d'un incomparable chef-d'œuvre. Mais sa destruction assouvit la vengeance des Lohengrins incapables de nous reprendre Reims. Or l'enfer suscité dans la cathédrale, par la malice de leurs Méphistophélès, ne laissa qu'un vitrail de la nef sur vingt, et fit sauter la grande rose. On a recueilli tous les fragments depuis. On pense qu'on pourra la représenter dans sa gloire entière aux rayons du soleil.

---

1. « *J'ai vu l'incendie... écrit le général Mangin... de la colline Saint-Thierry. Le soleil se couchait, je me croyais seul sur le terrain. Quand je me suis retourné, j'ai aperçu, près de moi, une paysanne et un prêtre, la figure baignée de larmes.* »

XVIII

Après avoir jeté l'anathème sur le Barbare, demandons-nous aussi, comment nous pourrions excuser
ceux de nos bacheliers, médecins, avocats, que commirent les suffrages de la Nation au soin de la prémunir contre de telles injures. Devant les ruines de Reims,
sont-ils moins coupables que le Barbare ces parlementaires qui, pendant quinze années, votèrent contre
le développement de notre force stratégique, alors que
le Reichstag augmentait toujours son budget de guerre,
et préparait ainsi, d'une indéniable façon, le crime de
1914, le massacre de notre jeunesse, le déshonneur des
femmes, la destruction de nos villages, de nos villes,
de nos usines? Sont-ils moins coupables que le Barbare, ces états-majors qui, voyant grandir le péril,
selon leur science, ne proclamèrent point avec colère, au
risque même de perdre leur grade, l'urgence de s'armer le plus? Sont-ils excusables ces conseillers de
guerre qui ne suivirent pas, dans sa retraite motivée, le
général Hagron?... Sont-elles moins coupables que
le Barbare ces « Compétents » qui nièrent la valeur
de l'artillerie lourde, qui ne surent deviner l'emploi de
la mitrailleuse contre l'infanterie, et qui, pour cela,
durant les mois d'août et septembre 1914, envoyèrent
follement au massacre tant de troupes excellentes?
Sont-ils moins coupables que le Barbare ceux dont
l'ignorance orgueilleuse nia les prophéties du général
Maitrot sur la manœuvre d'invasion par le Brabant et
les Flandres, ceux qui refusèrent de fortifier Maubeuge

comme le voulait le général Le Breton, ceux qui furent *surpris* par le nombre des corps d'armée allemands à la bataille de Charleroi ? — Surpris !

Sont-ils moins coupables ces parlementaires et ces compétences que, depuis 1900, dans la plupart des journaux, des revues, nous avertîmes quotidiennement du danger, que nous avions déjà suppliés, bien avant 1910, de construire les automobiles blindées, ainsi que le rappelait, encore, dans Mayence, au mois de décembre 1918, le colonel Descoing ? Sont-ils moins coupables ces experts des commissions qui reçurent les premiers plans des chars d'assaut à caterpillars en décembre 1914-janvier 1915, et qui refusèrent obstinément de les réaliser jusqu'en 1917, sans comprendre que ces engins, forçant les barbelés, écrasant les nids de mitrailleuses nous assureraient enfin la victoire ?

Contre ces déplorables esprits qui n'avaient pas suffisamment travaillé pour s'instruire dans leur profession, dans l'art de défendre leur pays, de protéger l'industrie essentielle à cette défense, Briey, Lens et Lille, contre ceux-là, les pierres de Reims crient furieusement. Les ruines témoignent et témoigneront contre eux, sans pitié. Tous les saints mutilés des églises désignent, de leurs moignons, au ressentiment du peuple, ces pitoyables aveugles. Toutes les maisons écroulées d'Altkirch à Nieuport sont les monuments de leur nullité, de leur suffisance, et aussi de l'erreur naïve et désastreuse où s'attarde le prolétariat en confiant les destinées de la patrie aux médiocres, sauf de rares exceptions. Pourquoi la Chambre, et, à tout le moins, le Sénat, ne comprennent-ils pas les membres de l'Institut, les ingénieurs de renom accoutumés à diriger les industries capitales, les encyclopédistes connus pour leurs facultés de synthèse ? Pourquoi gouvernent-ils seuls la France, ces cabaretiers, ces médecins de campagne, ces avocats de sous-préfecture. Ils oublièrent même leur savoir de baccalauréat en prêchant, dans les tavernes, en abaissant leur intelligence au niveau des appétits les plus naïfs, en transformant leur esprit de licenciés selon la verve de tréteau? Pourquoi, depuis tantôt cent ans, le peuple s'est-il acharné au triomphe de ces médiocres ? Voyez donc. Ils n'ont rien prévu de la guerre. Ils ont méconnu les nécessités de la défense. Ils ont choisi des états-majors qui comprenaient mal. Et voici. Du Pas-de-Calais jusqu'au Rhin une épouvantable chaîne de ruines et de tombeaux marque le résultat de ces ignorances. Reims, Soissons, Arras, Ypres en décombres dressent, pour accuser, leurs débris tragiques dans le ciel épouvanté des Gaules.

La médiocrité de l'esprit qui commande est le plus néfaste des tyrans.

Les Allemands, eux, accomplissaient leur fonction de Barbares en anéantissant. Mais que dire de ceux qui, ministres et compétences, orateurs, avaient avec tant d'éloquence assumé le devoir de nous protéger, contre l'invasion? Que dire même des fonctionnaires choisis par les incapables, dans le moment le plus tragique? Notre grand critique d'art, Josephin Peladan, écrivait en septembre 1914 : « Quand le bombardement de la cathédrale a commencé, il y avait quelque chose à faire, et on ne l'a pas fait; des statues à sauver, et maintenant elles sont en miettes... Quand la Joconde disparut, l'humanité s'attrista. La cathédrale de Reims, c'était mille [millions de fois plus de beauté, et toute française... Si on a sauvé une partie des tapisseries (dans le palais archiépiscopal) pourquoi a-t-on oublié ou abandonné les autres? Il faut peu de main-d'œuvre pour décrocher, rouler, ficeler et précipiter des tentures dans une crypte ou dans une cave... Aucun règlement ne prévoit le bombardement. Personne n'a obligations ni qualification pour agir. Dans la nuit du

12 septembre nous avons repris la Ville du Sacre. Donc le 13, l'administration aurait dû envoyer à Reims une équipe de sauveteurs. Ils auraient travaillé les 13, 14, 15 et 16, car les batteries de Nogent-l'Abbesse ne commencèrent à cracher que le 17. En quatre jours on déménage bien des choses... » Et Josephin Peladan indique ce qu'on eût pu enlever des trésors et tableaux, le pied du fameux candélabre pascal de saint Rémi, ensuite fondu par l'incendie, les portes, les stalles. Ce prêtre des arts suppliait que l'on sciât au piédestal immédiatement les statues les plus célèbres, qu'on les emportât, qu'on plâtrât les hauts et bas-reliefs, l'ensemble intérieur des sculptures étagées sous la rosace, dans leurs niches, ces groupes de statuettes délicates et uniques, cette merveilleuse « communion du chevalier ». Choses faisables le 13 septembre, et qui eussent soustrait tant de victimes illustres au bombardement du 20. Hélas ce n'était pas Josephin Peladan qui était alors directeur des Beaux-Arts ; mais...

Ouvrez le livre de M. Poirier. Feuilletez ses éphémérides de 1914-1915. Vous n'y lirez rien qui relate de telles précautions. Aussi la Reine de Saba fut décapitée, et l'ange de saint Nicaise. Les collections préhistoriques, ethnographiques de l'Archevêché disparurent dans l'effondrement de l'antique palais ; ainsi que la salle du Tau, et sa cheminée gothique, lieu du banquet royal pour les jours de sacre ; ainsi que la chapelle à deux étages ; et le logis du prince venu pour l'onction. Rien de cela ne fut sauvé. Les fonctionnaires n'avaient pu réfléchir comme Peladan, ni leurs vanités obéir à ses indications, ni leurs jalousies le commettre au soin de préserver ce qu'abandonna leur incurie. Que ne fait-on le procès du directeur alors en place et responsable ? Peladan avait assez tôt écrit pour qu'on pût enlever le beau dieu, la Sainte Clotilde et le Sourire de Reims, le groupe à l'antique de la Visitation, avant les catastrophes, pour

qu'on pût plâtrer le tympan où saint Remi mettait en
fuite les démons incendiaires de sa ville, pour qu'on
pût descendre l'Église qui n'est plus, et la Synagogne
qui faillit périr. Ce directeur trouvera-t-il l'impunité
dans la République des Camarades? Certainement, et
même sous le geste accusateur des ruines, sous le
témoignage de Reims !

Jusques à quand laissera-t-on impunis les crimes les
plus odieux des Médiocres contre la vie et la gloire de
la Nation ? Quand donc un Sénat exclusivement formé
de nos savants les plus illustres, de nos ambassadeurs
éprouvés, de nos historiens célèbres dans l'univers,
de nos encyclopédistes renommés dans le monde
existera-t-il pour opposer la connaissance et la raison
aux ignorances tumultueuses du carrefour ? Voilà ce
que Reims demande, par toutes ses plaintes, à la
sagesse de la République, au bon sens du prolétariat.

P. Adan.

9

XIX

Faute de cela, cette ville admirable brûlait le 20 septembre 1914 pour le ricanement du Méphistophélès accroupi sur les collines. Pendant que ses bataillons nous abandonnaient le fort et le massif de La Pompelle, ou se brisaient contre nos régiments de Craonne, de Mesnil-les-Hurlus, de Massiges, son artillerie enflammait les faubourgs de Laon et de Cérès, ensanglantait les rues, blessait partout le 22, fracassait le crâne du flâneur à la croisée, déchiquetait des soldats et des femmes, émiettait les vitraux de Sainte-Clotilde, ébréchait le coin des rues Louvois et de la Briqueterie. Des Boches volants planaient, le 23, au-dessus du cortège funéraire qui suivait le Dr Jacquin, tué l'avant veille par un éclat de fer sur le seuil d'un malade. Le 24, les canonniers allemands lapident les environs de la cathédrale, mettent à mort deux patients dans l'hôpital, puis, dans la rue Montoilon, un père avec ses trois enfants, d'autres ailleurs, et forcent le cardinal Luçon à se jeter sur le trottoir de la rue Cardinal-de-Lorraine pour éviter les atteintes d'une explosion. Hors la ville une bataille s'exaspère à Bétheny, vers Berru, et Moronvillers. La canonnade gronde sans cesse, dans les oreilles. Elle retentit dans les entrailles des Rémois.

Le bombardement ne cessera plus en septembre, ni la canonnade lointaine ou proche. L'ennemi tâché de réparer sa défaite. Il attaque de l'Oise à Reims. Il pile la cité de saint Nicaise, Il tue, mutile passants et commères. Il défonce les maisons. Il chasse les familles prudentes vers Epernay, au bénéfice excessif des chauffeurs et cochers. Ce qui suggère aux larrons l'envie de piller les logis déserts, ou démolis par les projectiles, Les armées luttent sur la route de Reims à Berry-au-Bac, sur le Chemin des Dames. La population des rues dangereuses que les facteurs ne desservent plus se presse devant les bureaux de poste pour vérifier, par les renseignements des lettres, les allégations des journaux ; pour apprendre aussi les nouvelles de chers combattants. Cette bataille de l'Aisne, qui succède à celle de la Marne, dure bien davantage. En octobre, l'exode continue de jour en jour. Puisque le bombardement ne cesse de détruire et de tuer, puisque, à chaque instant, l'air vibre, tonne, puisque l'on entend des murailles s'écrouler, maintes douleurs gémir, des mères et des orphelins se lamenter, les pompes et leurs servants courir aux incendies.

Le 12, un effroyable bolide éclate sur le chevet de la cathédrale. Quatre mètres d'arcades s'effondrent dans la galerie haute, avec deux des bêtes sculptées en gargouilles. Le long de quatre autres mètres, les pierres se sont disjointes et penchent. Le lendemain flambent les magazins Hayem et leurs étoffes. Un obus endommage la confiserie Olza. Bien des innocents succombent, et justifient le deuil des âmes attristées par la reddition d'Anvers, par l'exil du gouvernement belge au Havre. Les Rémois vont passer les jours dans la campagne malgré la pluie afin d'échapper aux catastrophes qui saccagent les quartiers. Vengeance du Boche que nos troupes crossent rudement entre Craonne et Berry-au-Bac, près de Prunay. Les chiens abandonnés par leurs maîtres en exode rôdent et pleurent dans les rues désertes que parsème le verre des carreaux brisés par les souffles des explosions, A ce moment déjà l'usine des Vieux Anglais n'est plus qu'un amas de débris, comme le deviendront peu à peu, en quatre années, toutes les maisons de la ville.

Mgr Landrieux note à la date du 4 novembre :

« Des herbes sauvages germent dans la cathédrale près de la dalle noire signalant la place où saint Nicaise fut décollé par les Vandales. »

En ce mois, les tauben survolent les rues et leurs décombres, les cadavres des victimes mis en pièces par les bombes, l'hôtel de ville où délibère un conseil municipal impassible, digne de Rome antique, les fournaises en quoi s'écroulent des maisons incendiées, le sang des chevaux abattus au milieu des places par des foudres brusques, la cathédrale dont un ange soudain décapité, mutilé, perd une aile, dont le pavage intérieur est labouré par des 77, dont les voûtes s'ouvrent à la chute des 150. De Saint-Remi tout s'effondre dans l'abside ; et les vitraux volent en miettes, s'éparpillent. Les pelotons de la prévôté fusillent les espions et les espionnes, ces bergers indiquant à l'ennemi, par la marche de leurs chèvres blanches, les mouvements des batteries qu'ils suivaient ; et aussi telles personnes élégantes ayant conservé, avec leurs amis d'Allemagne, les relations d'antan que le commerce et l'industrie justifiaient, mais qui, dès le premier coup de fusil, eussent dû cesser, qui sont devenues le crime.

Avant novembre, les Allemands, des hauteurs orientales, avaient tué 1.467 Rémois par le moyen des obus. Plus tard ce furent des fusants qui, du ciel, mitraillaient les flâneurs, et pourchassaient la population jusque dans les caves. D'autres engins écornaient les combles des églises, enfonçaient maintes et maintes toitures, précipitaient les mansardes aux étages inférieurs, avec des grand'mères décapitées en bonnets de nuit, des enfants éventrés dans le berceau. Tantôt les obus enflammaient une fabrique ; et cela brûlait longtemps parmi les rumeurs des pompiers accourus, de

la foule venue à l'aide. Tantôt les 105 arrachaient une
tête qui restait longtemps sur une marquise inaccessible,
et saignait. Le feu empourpra des quartiers, enfuma
le ciel, épouvanta des mères. Le Satan boche installait
tout l'enfer dans la ville. Les forces volantes sifflaient
de loin, dans la plainte de l'air, passaient au-dessus,
s'engloutissaient dans une ruelle, tournaient, laissaient,
à la place du badaud, une masse de viande, de lambeaux, une flaque rougeâtre des viscères qui frisson-
naient encore. Ou bien une façade s'abattait à grand
bruit dans une avenue, entraînant les escaliers, les
plafonds.

Les 210 du boche anéantissent, le 26 de ce mois, quatre
verrières de la cathédrale dans les chapelles de la
Vierge et de Saint-Nicaise. L'air déplacé renverse la
châsse, la croix, les candélabres. Une cariatide perd
la main et la jambe que lui coupe un shrapnell. Quelques instants plus tard, sur le parvis, éclate un 210
encore. Il crible, dans la façade occidentale, les statues des portails. Un autre défonce la place sous la
Jeanne d'Arc. Bien que notre artillerie fasse sauter,
dans une explosion formidable, le dépôt de munitions
au fort de Witry, les Allemands continuent. Ils visent
la basilique sans aucun doute, comme ils le feront, le
28, après avoir démoli l'hospice des Incurables qui
écrasa vingt-quatre de ses pensionnaires, en s'affais-
sant sur le réfectoire.

Décembre vit le Président Poincaré dire très éloquemment aux citoyens de Reims la reconnaissance
de la patrie pour leur fermeté dans l'épreuve, et pour
l'exemple qu'ils donnaient à quiconque, entre Nieuport
et Mulhouse, faisait face à l'adversaire complètement
battu sur l'Yser, menacé en Artois et en Picardie, en
Champagne, en Argonne.

Pour se venger, l'ennemi pile obstinément la ville
des sacres. Il renverse les maisons opulentes. Il détruit

les usines. Il ravage des quartiers. Il encombre de débris les chaussées et les cours. Il mêle plafonds et planchers. Il casse tout dans les boutiques. Il incendie à droite et à gauche. Il massacre dans les ateliers, dans les crèches, dans les jardins. Il retue les morts dans les cimetières.

Et cela continue, l'an 1915. Leibniz, Kant, Gœthe, Lessing, Wirchow, Schopenhauer, Nietzsche, Wagner, Mommsen, accoudés aux créneaux des observatoires, dans les personnes de leurs disciples en uniforme, dirigent sous le casque, cette destruction du beau symbole latin. Rien de leurs idées supérieures ne réfrène la passion d'abaisser la noblesse de la patrie gallo-romaine, de supprimer sa vie. Tous s'inspirent de leur Luther, de leur Méphistophélès, de leur Treitschke, leur Bernhardi. Tous les catholiques bavarois eux-mêmes se remémorent cette phrase d'une allocution prononcée par Guillaume II devant la jeunesse des universités : « Les églises catholiques du romanisme papal, dont on vous impose l'admiration excessive, sont parfois des injures au Tout-Puissant. Dieu y est *injurieusement oublié au profit de saints imaginaires, véritables idoles substituées à la divinité par la superstition latine. Dans la cathédrale de Reims on voit le spectacle impie de rois français, qui furent adultères, déifiés en quelque sorte et présentés sous la forme de statues (tel Guillaume II du reste, et par son ordre, sur la cathédrale de Metz) au sommet du grand portail, et mieux placées que l'image de Dieu. Des maîtres allemands, dignes de notre race, ne doivent pas décrire de telles églises, sans s'élever avec indignation contre les superstitions du romanisme.* »

Ah, ce romanisme qui tenta, durant tout le moyen âge, de rendre les patries fraternelles ; qui tenta d'unifier leurs langages et leurs cultures dans l'usage du latin et des lois votées par le peuple du Forum, révisées

par Marc Aurèle, Justinien, les clercs, saint Louis.
Rome tenta d'instaurer l'arbitrage des Conciles entre
les nations belliqueuses. Rome tenta de les allier pour
toujours contre les barbares d'Orient au siècle des
Croisades. Rome favorisa le développement du com-
munisme dans les couvents prospères et multiples.
Pour cela le romanisme demeure odieux fatalement à
l'impérialisme des Boches et à la réforme protestante
qui divisa plus encore les peuples de l'Europe; qui
leur imposa les luttes civiles, les guerres de religion,
celle de Trente Ans; qui supprima l'usage de la langue
universelle, du latin; qui supprima le collectivisme
des monastères pour rétablir la richesse capitaliste des
féodaux, des grands électeurs, des princes, et la
tyrannie des Hohenzollern.

Certes je n'entends pas m'élever contre le protes-
tantisme moderne. J'aime respecter sa vertu sévère, sa
puissance effective, sa dignité morale. Mais j'espère
bien ne pas encourir le courroux même des plus
susceptibles, en imaginant que sous les tuniques verdâtres, et sous les casques pointus, bien des Luthers,
devant Louvain, devant Reims, devant Arras, devant
Ypres, ailleurs, ont ressuscité avec leurs passions du
XVI⁰ siècle. Que de sermons les pasteurs des Allemagnes prononcèrent durant tout le XIX⁰, et jusqu'aujourd'hui, afin que cela fût.

A leur instigation aussi, les batteries n'ont point
ménagé le tir exterminateur. Dès 1915, parmi les
ruines civiles chaque jour accrues, les contreforts de
Notre-Dame, les combles, et les pignons laissent choir
leurs pierres ébranlées, emportées par les obus, parfois avec les membres ou les ailes d'un ange, la
mufle d'une gargouille. Le 24 février, un 150 crève la
voûte. En mars, en avril, juin, maintes fois, le satanisme de l'ennemi s'acharne. Il rompt les contreforts.
Il arrache le lacis en plomb des vitraux. Il achève des

colonnettes survivantes, anciennes. Il brise les meneaux des fenêtres. Il disperse les balustrades. En
juillet, 1.500 obus éclatent le même soir sur la ville
saignante. La voûte au-dessus du baptistère est
ouverte largement par une explosion. Le lendemain
mille « gros noirs » martyrisent Reims, non sans écor-
ner la basilique sur tous les flancs. En mai d'aucuns
s'adressent à l'empereur des Teutons. Que du moins le
sanctuaire soit épargné. Une réponse tardive allégua
l'emploi de l'édifice pour des observations tactiques,
et des échanges de signaux militaires. *Mensonges* !
put inscrire M⁸ʳ Landrieux en tête de la réfutation
documentée qu'il publia dans son livre. Désormais,
le grand quartier général allemand pourra, seul, donner l'ordre de bombardement, promet le Hohenzollern.

Ordre donné neuf fois pour placer 22 obus au but,
en 1916. M⁸ʳ Landrieux note encore que l'état-major
boche a réclamé l'exemption d'attaque française pour
dix-huit villages de son front, en retour d'un engage-
ment propice au salut de la cathédrale. Nous décli-
nâmes, bien entendu, cette proposition dérisoire.

C'est que le supplice de Reims, après celui de Louvain et d'Ypres, émeut la conscience de toutes les
élites dans les pays civilisés. Les Allemands le savent.

Le nom de la martyre vibre dans les cités des Amériques, des Asies, des Afriques mêmes. Sur les routes qui
dominent Lima, le pâtre aux cheveux longs et noirs
épèle ce mot, en fumant des feuilles de tabac tordues,
comme le répète le cowboy chevauchant avec son
camarade vers leurs villages de Far-West, comme les
miaulent les bateliers chinois accroupis sur leur
jonque du Fleuve Bleu, comme se l'apprennent les
Songaïs couleur de fer qui poussent, à la perche, sur
le Niger, leurs nacelles pour débarquer leurs produits
à Kabara, le port de Tombouctou. En tout lieu où le
télégraphe apporte des nouvelles de la grande guerre,

et plus loin où, seulement, parviennent les bateliers,
les colporteurs, les caravanes, les moines, les pasteurs,
les bonzes, les marabouts et les soldats, Reims appa-
rait aux esprits. Beauté sanglante et torturée, digne
des piétés les plus assidues. A cette syllabe se noue la
réprobation, d'une prodigieuse injustice, d'une furie
sauvage. De tous les points du monde, les agents de
l'Allemagne signalent à Berlin cette indignation des
hommes affinés ou simples, cette indignation dans les
églises, dans les temples, dans les mosquées, dans
les pagodes, dans les ports des mers et des fleuves,
dans les villes, les montagnes, et les plaines.

Jamais l'âme de Reims n'a rayonné si loin, pour
l'éternelle cause de la noblesse, de la grandeur latines
à préserver de l'emprise tudesque.

Or, en ce printemps de 1915, l'Italie vaillamment se
décide. Selon le traité de Londres, Rome s'engage à
combattre avec ses forces près des fils engendrés par
les races que surent organiser, jadis, ses légions en
Grande-Bretagne, en Belgique, dans le temps des
Césars. Malgré la manœuvre de mille espions, et la
prodigalité de ses corrupteurs, la diplomatie allemande
piteusement échoue dans la patrie des Flaviens et des
Antonins. La descendance des élites. qui formèrent
Vitruve, Giotto, Donatello, Botticelli, Michel-Ange,
Léonard de Vinci, et l'incomparable Palladio ne pouvait plus longtemps se compromettre avec les destructeurs de Reims.

*Voilà qu'en ce printemps de 1915, l'empire romain se
reconstitue soudain, presque total, et en armes, face aux
multitudes germaniques.*

Des îles britanniques à la Sicile, les légions recom-
posent l'ensemble de leur puissance antique. Rome et
le Droit se dressent debout comme au temps de Tibé-
rius, Drusus Germanicus.

Les légions de Varus seront-elles, une fois encore,

vengées ? La progéniture d'Arminius va-t-elle être encore vaincue ?

Déjà le Portugal réprouvant le massacre de Reims, se souvient qu'il fut la Lusitanie ; et, du reste il demeure l'allié fidèle de l'Angleterre. Déjà les Roumains se rappellent leur origine dans les camps installés en Dacie par les généraux de Trajan. Déjà les Arméniens luttent avec les armées russes, en mémoire de Byzance qui les associa, après Constantin et Léon l'Isaurien. Les Grecs de Venizelos tendent, malgré leur roi balte, à l'union avec ces Latins dont ils furent les précepteurs. Eden de Cléopâtre et de César, Alexandrie, l'Egypte offrent des soldats qui luttent avec les Britanniques contre les Turcs germanisés, dans les régions du Sinaï.

En l'honneur de Reims, et pour l'amour du génie latin glorieux, libérateur, brutalement décapité dans ses statues, l'énorme empire de Rome, se recompose, à son tour, tel que Marc Aurèle le sut régir avant Constantin. Et plus même si l'on y comprend la fille de l'intelligence byzantine, l'immense Russie des tzars alors au combat, l'immense Russie des Césars autrefois investis par les Basiléis de Sainte-Sophie.

Le Brésil, Cuba, d'autres républiques américaines se vont lever pour défendre leurs mères-patries d'Europe.

Telle est la force qui ressuscite devant l'orgueil des Teutons. La force des Marius et des Césars. La force entière des races éduquées par la pensée platonicienne et par l'administration justinienne. La force du stoïcisme qui rend invincibles les légions de l'Yser, et de l'Artois, et de la Champagne, et des Vosges.

Et quel stoïcisme. Relisez les épouvantables supplices évoqués par Henri Barbusse, dans *le Feu*; par Génevois, dans *Sous Verdun*; par Marcel Prevost, dans *Un poste de commandement*; par Dorgelès, dans *Les croix de bois*; par André Millet, dans *Sous le fouet du destin*; par Bertrand, dans *l'Appel du Sol*; par Lautier.

dans *Ma Pièce*; par le commandant Grasset, dans *Vingt jours de guerre*. Le Dante n'en a pas, certes, imaginé de pires.

Sous le casque à pointe, les élèves de Mommsen pâlissent un peu quand ils constatent cette imposante résurrection de Rome prête à châtier les fils Arminius encore.

Aussi, les empereurs du Centre hésitent devant la protestation du Souverain pontife. S'ils achèvent le massacre de Reims, ne vont-ils pas soulever une réprobation trop générale pour rester vaine. Depuis août 1914, les tueries, incendies et ravages de Belgique, loin d'inspirer la terreur, loin d'agenouiller les Celto-latins sous le fer, sous le feu de la férocité germanique, ont attiré dans la guerre, et furieux, les terribles soldats australiens et canadiens, avec le total des Anglais, répudiant leurs coutumes de liberté individuelle afin de crosser ensemble les fusilleurs de Dinant, les incendiaires de Louvain et d'Ypres, les destructeurs de Reims. Il faut la reconnaître fausse la doctrine prussienne attribuant à l'excessive cruauté le pouvoir de finir promptement cette guerre. Guillaume n'en doute plus à cette date. Il s'est trompé, lui et ses théoriciens. Les légions de Rome le prouvent en faisant retentir, par leur marche, les échos effrayés des Alpes.

XX

La cathédrale de Reims fut donc moins fréquemment visée par l'ennemi durant l'automne et l'hiver qui suivirent la protestation du pape. Il y eut une manière de répit. Tandis que de rudes batailles se livraient à gauche dans les régions de Berry-au-Bac, de Craonne, à droite dans celle de Nogent, de la Pompelle, de la Suippe, des Hurlus et de Massiges, tandis que notre offensive de septembre ébranlait (comme je l'ai décrit dans *La Terre qui tonne*) la ligne allemande, notre église des Sacres semblait presque épargnée. En octobre seulement un 150 attaque la tour du Nord.

Cependant quelques personnes vaillantes et zélées, indifférentes aux risques, recueillaient avec soins les moindres plâtras, les plus petits morceaux de pierre, toutes les sculptures, après les explosions. Dès novembre 1915, l'administration des Beaux-Arts avait, le 27, assuré que la tête de l'Ange au Sourire ne se trouvait pas dans les débris. Le 30, pourtant, on la découvrait entre les gravats mis dans les caves de l'archevêché. En mai 1916, pendant les héroïsmes de Verdun, M. Haviot reconnaissait encore, dans la poussière, certaines parcelles du masque illustre. Aussitôt on demande un moulage du plâtre intégral existant au musée du Trocadéro parisien, afin que l'on puisse par comparaison, identifier, dans cette même poussière, les autres parcelles très probables. Les Beaux-Arts refusent « parce que les mouleurs sont mobilisés ». Pareillement pour la Reine de Saba. Comme si la France ne possédait pas des artistes en plâtre, autres que les trois employés de l'administration. L'invraisemblable sottise ! Et pourtant vraie.

A cette époque, Josephin Péladan suppliait encore les Compétences de vouloir le salut des plus nobles images, de les faire scier à la base, sur leurs socles, de les abriter au fond des caves.

Aux Compétences alléguant des impossibilités ridicules, le critique répond qu'à Paris le Salon de sculpture est aménagé en très peu de jours chaque printemps, que l'on y manie et remue des statues plus lourdes, plus hautes et bien plus nombreuses, que les agrafes de métal se coupent facilement, que si le sauvetage des figures sises dans les hauteurs de l'église, celle des cinquante-deux rois, exige la bravoure des ouvriers, par contre l'enlèvement nocturne des cinquante et-une images sous les portails ne suppose nul courage spécial, et que l'équipe parisienne des Salons annuels fournira le personnel utile, etc..., etc... La science officielle, imperturbablement, refusa de comprendre. Elle est responsable des pertes subies depuis 1915 ; et même avant. Elle a laissé aux Barbares la faculté de tout détruire. Et c'est inexplicable. Et ç'est un crime évident. Les Boches semblent punis par la défaite, par ses conséquences. Quel châtiment leurs complices des Beaux-Arts doivent-ils subir ?

Peladan put écrire : « On n'a pas voulu sauver les statues de Reims ! » Sa voix continue à crier, du tombeau, cette vérité.

Mais les victoires du général Mangin, en ce temps-là, fixaient autour de Douaumont, définitivement, le prodigieux effort de l'ennemi contre Verdun. Elles sauvèrent la nation près de perdre, avec cette citadelle et les Hauts-de-Meuse, le tiers de son matériel d'artillerie alors irremplaçable ; car jamais il n'eut pu repasser la rivière parmi les troupes en retraite. Les succès continus du général Foch et des Anglais sur la Somme qui nécessiteront le repli de Hindenburg, la conquête glorieuse de l'Isonzo par les Italiens, l'échec de l'offensive autrichienne vers Vicence, la prise de Goritzia, l'avance italienne dans les Dolomites, les manœuvres heureuses de Brussiloff et de ses Russes en Galicie, en Bukovine, l'invasion des Roumains en Transylvanie occupaient l'attention des Germaniques, décimaient, ruinaient leurs multitudes. Même quand ils lançaient quinze cents obus contre Reims, le 11 juillet, dont l'un perfora la voûte du transept sud, même quand ils en projetaient mille, le 27 octobre, dont plusieurs écornèrent la basilique, les observateurs de Witry voulaient moins qu'auparavant supprimer le fantôme bleuâtre de l'édifice, apparu là-bas dans le crépuscule. Ils redoutaient leurs responsabilités prochaines devant les élites de la civilisation celto-latine. Et ils s'acharnaient sur les maisons sans trop s'évertuer à la ruine même de la cathédrale. La force de l'empire romain recomposé, accru, leur valait de l'inquiétude, même de la prudence. La bannière du Portugal avait paru dans les secteurs du Nord. Cent mille de ses jeunes hommes promptement équipés, instruits, pourvus, fournissaient la garde entière d'un secteur infernal dans l'Artois. Les légions de Lusitanie venaient de reprendre place dans les rangs de l'empire latin ressuscité. Puis aux mois d'août, septembre, à son tour, après tant d'intrigues et de mouvements politiques, pour la détourner de son désir traditionnel, la Roumanie s'élançait fidèle à la mémoire de ses aïeux. Le général Iliesco menait savamment et courageusement ses seize divisions latines à la rencontre des trente divisions austro-allemandes dans les monts de Transylvanie. Quoique la trahison des Russes fût annoncée, quoique l'état-major français de Salonique se trouvât en retard dans ses préparatifs, et incapable de tenir nos promesses, les Roumains se précipitaient au péril. Ils empêchaient, par leur héroïque sacrifice, l'afflux sur Verdun de toutes les masses germaniques. Ils nous sauvaient.

L'histoire ne ménagera point aux orateurs alliés et associés de 1919, son juste blâme pour l'étonnante ingratitude avec laquelle ils abandonnèrent, vainqueurs, à Versailles, la cause latine des Belges, des Italiens des Roumains, des Portugais, des Brésiliens, ni pou l'erreur trop évidente de leurs calculs. Ils laissent sans aucune sûreté, — entre une Russie bolcheviste plus qu'à demi germanisée, et des Allemagnes, des Hongries très capables de reconstituer leur puissances de Barbares, — la Pologne, la Roumanie, l'Italie. Or, elles nous ont, en 1916, par leur intervention, épargné le désastre. L'avenir proclamera quelle fut l'insouciance des orateurs promus follement au titre de *hautes parties contractantes* lorsque tous ces peuples menacés se verront sans doute contraints de traiter avec le pouvoir germano-russe, au détriment des patries atlantiques.

Donc, à la fin de 1916, les Boches demeuraient stupides devant leur échec et leurs innombrables morts de Verdun et de la Somme. Une sorte d'accalmie, dans Reims, se prolongea jusqu'au printemps de 1917.

Au milieu d'avril, les états-majors prussiens virent, le 16, se ruer notre assaut de sept cent mille hommes vers le Chemin des Dames. Ces Boches admirèrent, en dépit du froid, de la neige, et des vents glacés, nos voltigeurs bleus glissant sur la glaise des talus et des crêtes, beaucoup tombant avec leurs musettes à grenades qui éclataient et les éventraient, d'autres parvenant tout de même, derrière leurs obus jusqu'aux fils de fer et aux nids de mitrailleuses. Surgirent les premiers chars d'assaut habiles à frayer la route, et à foudroyer terriblement. Une rage satanique exaspéra les Fausts. Déjà les coloniaux du général Mangin descendaient vers l'Ailette, et les Soudanais pieds nus, sans pouvoir, de leurs mains engourdies, utiliser leurs fusils mitrailleurs. L'effroi fut grand d'apercevoir ce sublime élan, et, par les yeux des aviateurs, la magnifique armée du général Duchesne prête à l'exploitation du succès, montant par toutes les routes du sud au nord. Immédiatement l'ordre du quartier général fut transmis de bombarder la cathédrale. Le diable épouvanté se vengea de sa peur sur le chef-d'œuvre. Brusquement les batteries logent quatorze 240, 305 ou 340 dans la basilique. Le lendemain et les jours suivants tout l'enfer y fume, éclaire et flambloie, tonne dans les têtes. D'énormes nuages verdâtres, naissent, enflent, se courbent, se dissocient et s'amplifient entre les tours. D'autres s'évadent des flancs, s'enlacent aux contreforts. Ils planent un moment, Ils montent. Ils se diluent. Ils épouvantent le ciel glacé. Les voûtes ont cédé sous les masses de fer. La chute des moellons a, tout de suite, écrasé le maître-autel. Dans une seule chapelle quatre 150 se sont violemment introduits.

Riposte lors de notre attaque sur Brimont et Moronvillers, répondront les Boches mensongèrement pour la protestation pontificale; et parce que Reims a servi de centre à la manœuvre grandiose qui les obligea d'abandonner tout le Chemin des Dames, d'ouvrir à notre artillerie des vues sur l'Ailette, sur la région de Laon.

Du 9 avril au 9 mai 1917, quatre-vingt-six divisions allemandes furent engagées au Chemin des Dames. Or sur le front occidental cent cinquante-cinq en tout, combattaient; et deux cent trente sur tous les fronts. Quarante seulement purent rester en ligne dans la région de Reims. Les autres étaient usées. Si l'offensive avait été « poursuivie », malgré nos défaitistes, les Boches auraient battu en retraite dès juillet ou août 1917, certainement. Il a fallu trois mois et demi,

durant la bataille de la Somme, et sept mois durant la
bataille de Verdun, pour user, au même point, l'ennemi. Donc l'offensive d'avril 17, prolongée, eut valu
les meilleurs résultats. On a dit : un an de guerre au
moins. Ainsi que l'a prouvé, dans son livre, le Commandant de Civrieux, la diplomatie prussienne obtint,
de nos défaitistes, le salut provisoire de ses armées.
Néanmoins la rage contre Reims s'exaspéra. Les
Boches soutiendront même au Vatican qu'un grand
nombre de nos batteries tiraient sous la protection de
la cathédrale ! — Quelle pouvait bien être cette protection ? — Était-ce celle toute mystique des « idoles »,
vitupérées par les luthériens et le Kaiser? On ne comprend pas.

Dès lors la nef fut à ciel ouvert. Les pluies s'y répen-
dirent, ruisselèrent. Elles délitèrent mieux les parties
ébranlées, sans que les commissions des Beaux-Arts
obviassent à l'action des eaux. Aux beaux jours, l'azur
s'imposa, consolateur, dans les brèches. Il semblait
qu'on y vécût au fond d'un puits large et merveilleux,
entre les parois de lumière qui davantage éclairaient
les feuillages délicats et si divers des chapiteaux
romans. Ces feuillages miraculeusement intacts dans
l'attitude plus étonnante et plus blanche des perspectives.

Le 24 avril, une explosion compromit la solidité de
l'angle mural au croisement sud-est du transept. Puis,
sans guère de trêve, juin,. juillet, août, décembre
furent bien des dates noires pour l'œuvre insigne
pensée au xiiiᵉ siècle par Jean d'Orbais. A cette heure,
la stupidité du bolchevisme triompha, par le fait des
intrigues et des corruptions allemandes. Il consternait
l'intelligence des élites clairvoyantes. Les millions de
pauvres russes ignorants se vengeaient cruellement des
anciennes sévérités en excitant au carnage, et à la
rapine, sous prétexte de révolution sociale, la naïveté

des moujiks, soldats et ouvriers. Ahuris, Lénine et Trotsky, ayant proclamé d'abord le principe de la plus entière liberté individuelle outre la fin des guerres, obtenaient, de leurs propres efforts, le contraire exactement de leurs vœux. Preuve de suprême sottise. Ils gouvernaient à la façon d'Ivan le Terrible, de la fameuse *oprichnina*, sa cour de bourreaux et de tortionnaires ambulants. Ces hardis antimilitaristes réorganisaient une seule force, l'armée rouge. Ils supprimaient les productions industrielles de l'immense empire, donc les sources de salaire. Partout les membres du prolétariat secondaient, de leurs grèves et leurs déclamations, cette sanglante tyrannie d'extraordinaires imbéciles. Pendant que se jouait ce drame tragi-comique, les Allemands qui l'avaient monté de toutes pièces afin d'anéantir la puissance militaire de notre alliée, la Russie, constataient la rébellion de leurs troupes revenues de là-bas, et leur lassitude. Ainsi, comme l'avouait Ludendorff lui-même, en mai 1919, le bolchevisme des divisions allemandes, ramenées sur le front occidental, durant l'automne 1917, devenait une cause de leur défaite et de notre victoire. En expédiant Lénine, de Suisse à Pétrograd, dans un train boche dûment scellé, avec une dizaine de millions, la diplomatie prussienne n'avait pas seulement déterminé le désastre de la Russie et la mort du tzar, mais aussi la débâcle des Allemagnes, et la déchéance du Kaiser.

Les ministres des Hohenzollern qui s'étaient parfaitement trompés sur la psychologie des peuples belge, anglais, latin, américain, se trompaient autant sur celle des Teutons eux-mêmes. Chose humiliante pour une nation de professeurs à lunettes.

Ludendorff s'aperçut de l'erreur et du péril, dès le milieu de 1917, à ce qu'il prétend. Dès lors l'urgence de terminer la guerre sembla tout évidente aux conseillers de Guillaume II. On redoubla d'activité sur terre et sur mer, bien que les submersibles de l'amiral von Tirpitz n'eussent point réussi à couler plus de navires que l'Angleterre n'en construisait. Reims reçut, l'année 1917, d'innombrables obus, pendant les terribles batailles qui se livraient dans son voisinage, d'une manière presque continue, de Craonne à Moronvillers. D'un poste de commandement M. Marcel Prévost a vu celle menée autour de la Malmaison. Son récit passionnant évoque, entière, l'ampleur de ces luttes sans pareilles, où l'emportaient, pas à pas, l'héroïsme de nos poilus et le génie de nos industriels[1].

(1) L'opinion souvent demanda : « Pourquoi ne dégage-t-on pas Reims ? » C'est que toutes ces hauteurs de Berru, Nogent-l'Abbesse, Nançoy, Moronvillers furent sans cesse fortifiées à l'extrême par l'ennemi. Derrière ces remparts alors inexpugnables, son état-major pouvait, hors de nos vues, masser des réserves infinies, capables de transformer soudain en défaite un assaut d'abord victorieux. De Brimont, l'artillerie prenait les attaques d'enfilade. Il eut convenu de prolonger notre offensive de 1917 plusieurs mois. Le parlement n'osa point.

L'arrivée des Italiens venus défendre les abords de Reims, redoubla la colère des Boches qui l'assiégeaient. La présence de l'empire latin ressuscité se fit là tangible, incontestable, maîtresse. Ses colons d'Amérique accouraient par centaines de mille, à travers de l'Océan. Et quelle fraternité entre ces parents de jadis. Comment les Barbares n'auraient-ils pas su les acclamations de nos coloniaux remerciant, un jour, telle brigade grise et verte qui, par le plus étonnant courage, avait pu dégager l'un de nos régiments mal en point?

Aussi la réussite de la trahison bolcheviste à Caporetto, et le repli des Italiens sur la Piave furent fêtés à Berlin, à Vienne comme devant Reims.

Avec quelle furie les Boches de 1918 recommencèrent-ils leurs bombardements de la cité, quand leurs forces eurent, pour un temps, contraint au recul les troupes de l'Angleterre, en mars, vers Amiens. Le 28 du mois il fallut obtenir que le cardinal Luçon, le maire Lenglet, les citoyens dont la bravoure était demeurée la plus opiniâtre, consentissent à quitter la ville.

Du fort de Witry, en chaque crépuscule, les Siegfreds de la batterie purent regarder avec ironie le fantôme bleuâtre de la cathédrale. Ils la considéraient comme leur, déjà. L'église des sacres français allait enfin appartenir, avec la destinée du monde latin, aux empereurs germaniques. Le symbole de la force celto-latine tomberait tout à l'heure aux mains de Faust et de Méphistophélès. Leurs magies triompheraient.

Dans les abris de Brimont, de Berru, de Nogent, les wagneriens de l'armée barbare jouèrent, sur les pianos traînés dans leurs fortins en béton, la Marche de l'Epée. En même temps, toutes leurs batteries lapidaient Reims. La perpétuelle clameur de leurs obus courait sur la ville. Ils s'engloutissaient dans les ruines et dans les rares maisons échappées à l'anéantissement jusqu'alors. Quartiers par quartiers les édifices achevèrent de s'ébouler sur leurs caves. Que ce fût rue de l'Arbalète ou rue Clovis, rue Pasteur ou boulevard de la République, les masses de fer et leurs explosions détruisaient, pilaient davantage l'intérieur des maisons que le feu dévorait aussi. Il laissait en s'éteignant ces façades rousses et roses, trop minces, qui contiennent les décombres des cloisons, de la toiture, des plafonds et des planchers, les morceaux de meubles et les fractions d'escaliers, les treillis de lattes et les poutres brûlées des mansardes. Débris en masse dont la pression gonfle les murs, déborde les fenêtres. Les plus hautes, vides, encadrent le rire bleu ou la tristesse grise du ciel. Motifs d'espérance ou de résignation pour les passants.

Reims n'est plus qu'une ruine immense, et partout calcinée. Vingt mille, trente mille obus par jour, crevèrent ce qui subsistait ici, là. On calculerait les sommes inouïes que coûta cette destruction progressive aux états-majors allemands, à leurs armées. Bien des faubourgs reçurent, en obus, pour périr, une valeur de fer, d'explosifs plus grande que celle de leurs pitoyables matériaux et de leur construction médiocre. Le vieil hôtel de la douane s'est écroulé dans sa fournaise sur la Place Royale. Comme la rue Cérès où Colbert naquit, où la poste fonctionnait, comme la rue Carnot, presque toutes, réduites à des pans de murailles branlantes, ne sont plus que des chaussées soigneusement déblayées entre les éboulis de moellons, de charpentes et de greniers. Du théâtre subsistent à peine les parois à jour où le vent seul joue ses opéras. Le fameux hôtel du Lion d'Or présente, en face de la cathédrale, un amas de pierrailles informe. Non loin, et debout, les murs découronnés, évidés, crevés du Grand Hôtel persistent; mais tout l'intérieur a disparu. L'enfer suscité quatre ans par le Méphistophélès germanique a flambé toute cette immense, toute cette opulente cité. Les incendies de 1918 ont supprimé les églises, et le palais de l'archevêque, aussi bien que la sous-préfecture, l'école professionnelle des jeunes filles et le lycée. Cependant, au moyen de leurs sinistres gaz ypériques, de leurs mitrailleuses innombrables, de leurs multitudes compactes lancées en état d'ivresse contre nos retranchements, de leurs lance-feux brûlant, à trente mètres, en un seul jet de flammes, les défenseurs de nos lignes, Hindenburg et Ludendorff dirigeaient le suprême effort de l'Allemagne sur Amiens, puis sur Soissons, et Compiègne, vers les abords de Paris. Enfin, ils se heurtaient, malgré tant de férocités incroyables à l'invincible héroïsme des divisions méditerranéennes si fermes avec les Australiens, dans Villers-Bretonneux, si constantes dans la forêt de Villers-Cotterets. Là deux fois, les Africains du général Daugan, la Légion du colonel Rollet virent expirer à leurs pieds, sous leurs foudres, en avril, en juin, les vagues épuisées des Barbares. Pendant cette tragédie fabuleuse, Reims, chaque jour, s'écroulait dans les flammes, sous le choc des obus et dans le tonnerre des explosions.

Une heure fut où les canonniers boches de Witry purent croire le moment venu de leur entrée dans la ville. Le 28 mai nous faillîmes abandonner momentanément la cité de saint Remi. L'obligation d'entraver, à tout prix, la ruée allemande vers Dunkerque et Calais, de lui interdire la domination sur les forces anglaises, surtout la rupture de nos relations entre Douvres et Calais, dommage pour longtemps irréparable, cette obligation nous avait contraints d'accumuler l'ensemble de nos réserves au nord-ouest, derrière le mont Cassel, Hazebrouck, et Noyon. Les Allemands avaient pu surgir en masses très denses contre nos divisions de surveillance, diminuées, trop allongées sur le Chemin des Dames, puis submerger, enterrer nos batteries; courir dans l'ouest jusqu'à la Crise et la forêt de Villers-Cotterets, avancer au sud dans la région de Château-Thierry, et vers la Marne. Entre le système défensif de Soissons et celui de Reims nous essayâmes de canaliser cette brusque inondation d'armées. De Soissons à Château-Thierry, nos troupes d'abord continrent l'adversaire. Le 29 à midi, on confiait au général Micheler, glorieusement vainqueur sur la Somme, en 1916, la droite de l'armée Duchesne. Une seule partie de ce front n'avait pas fléchi sous l'avalanche subite. Les troupes y résistaient parfaitement et en ordre, près de Reims. Ailleurs, jusqu'à l'ouest de la route unissant Dormans à Ville-en-Tardenois, les brigades effectuaient leur retraite, mêlées selon les hasards des combats. Quant aux divisions anglaises elles se repliaient rapidement sur l'Ardre. Le général Micheler s'assura de cette rivière avec deux divisions envoyées de Champagne, pensant à juste titre consolider ainsi la défense ouest de la ville. Bien que l'ennemi prodiguât d'incroyables efforts pour gagner aussitôt Dormans et la Marne, il se trouverait saisi dans la tenaille, si de cette position la gauche devenait suffisamment menaçante pour son flanc est. Elle le devenait, lorsque le 31, au matin, le général Micheler reçut du Groupe d'Armées l'ordre d'évacuer Reims.

Heureusement le général agit sans précipitation. Il fit examiner en détail l'état de la défense. Il put avertir par téléphone, à 13 heures, que cette évacuation lui semblait (toutes mesures d'ailleurs étant prises pour elle) encore prématurée. Il garda son monde sur place. Dans la soirée, le Grand Quartier général lui transmit en même temps que le Groupe d'Armées, le contre-ordre attendu. D'ailleurs les troupes qui, sous le masque à gaz, tenaient autour de la ville, et dans les caves, en subissant les plus horribles catastrophes d'artillerie, refusaient de partir. Elles ne voulaient pas que les Boches entrassent. On en avait trop supporté. On ne pouvait souffrir davantage. Alors il n'y avait qu'à rester là, dans les trous d'obus, derrière des réseaux de barbelés, au fond de caves bien connues, aménagées savamment pour tous les genres de cataclysmes.

Les observateurs de Witry ne virent point les signes de la capitulation apparaître, dans le crépuscule humide, avec le fantôme bleuâtre de la cathédrale debout entre les incendies marquant, de leurs fournaises et de leurs fumées rougies, les quartiers de la ville.

Le chef-d'œuvre qu'avait conçu Jean d'Orbais devint ces soirs les magnifiques armoiries de la France.

Le génie stratégique du général Micheler si brillamment révélé, en 1914, sur la Meuse, durant les manœuvres de l'armée Sarrail où il était chef d'état-major, avait compris le péril. Abandonner Reims c'eût été non seulement décevoir dangereusement le monde atlantique et latin, mais aussi offrir à l'ennemi la voie ferrée de la Vesle, par conséquent doubler l'unique passage dont il s'emparait près de Soissons. C'eût été rendre moins riche de conséquences notre contre-attaque du 18 juillet.

La ville des Sacres qu'on ne rendait pas à l'adversaire dans ces jours tragiques, n'était plus celle de 1917 déjà. A la suite d'une exploration tentée par nos aviateurs sur Laon, et qui avait coûté cher à l'ennemi, les Boches avaient brutalement décrété que, toute une semaine, en manière de représailles, ils bombarderaient Reims. L'architecte des Monuments Historiques qui s'est voué au soin de sauver le chef-d'œuvre ou tout au moins ses débris, M. Sainsaulieu, a dit l'horreur de ces sept jours, où les obus incendiaires firent une fois encore, surgir dans la cité, du 8 au 15 avril 1918, toutes les affres de l'enfer :

« Quand le canon ne tonnait pas, c'était le grand silence de la nuit où crépitait avec une singulière netteté, le feu des charpentes et des mobiliers, et que ponctuait parfois le bruit plus sinistre encore d'une construction qui s'effondre. Des gerbes d'étincelles emplissaient alors le ciel noir. Des flammes s'élevaient en panaches qui éclairaient les édifices voisins.

« J'ai admiré la cathédrale souvent et sous bien des aspects. Jamais elle ne m'est apparue plus grande, jamais d'une aussi tragique splendeur que durant l'incendie des bâtiments de la Place Royale et de ceux de la rue du Cloître. Tout le jeu des arcs-boutants et des contreforts de l'abside, des galeries et des pinacles était éclairé de près, en rouge et très violemment jusqu'à la saillie des transepts, tandis que la nef et les tours, beaucoup plus estompées, détachaient en gris doucement leurs silhouettes et les grandes carcasses de leurs baies, vides de verreries, sur un ciel sombre lui-même et lourdement empourpré par les incendies plus lointains.

« C'est un étrange sentiment d'épouvante qui tendait à m'envahir quand, le bombardement interrompu, j'ai pu parcourir les rues absolument désertes où les incendies se développant gagnaient de proche en proche, embrasant des îlots entiers de maisons sans que personne n'intervienne. Cette absence de l'homme devant la catastrophe qui détruit son œuvre, cet abandon total était si extraordinaire qu'il me semblait que le monde allait finir et que j'en étais le dernier survivant. »

Lui-même, ce vaillant architecte avait, en 1917, dirigé, sous un feu des plus intenses, le travail des sapeurs du génie étayant un pilier de la cathédrale. Et voici; les ruines s'ajoutent aux ruines. La maison des Ménétriers que les gens du xiii° siècle avaient construite avec tant d'amour et que l'on nommait admirativement partout, est, par des artilleurs wagnériens sans doute, muée en un amas de blocs, de pavés, de cailloux. Exceptionnellement l'administration des monuments historiques avait suivi le conseil de Josephin Peladan, et descellé les statues des cinq musiciens assis entre les fenêtres, pour les soustraire aux périls de la haine tudesque. Le canon des Barbares a démoli cette curieuse demeure contemporaine du sire de Joinville, et toute la rue de Tambour qui la contenait, et sa voisine la rue Colbert. Lugubres pans de murs noircis entre des monceaux de pierrailles, de plâtras, de ferrures, de cloisons portant des lambeaux de tapisseries à fleurs. De même pour la Place des Marchés où s'écroulèrent la célèbre maison de l'Enfant d'Or édifiée après la guerre de Cent ans, dans la joie de la victoire acquise; et, aussi, la maison aux gargouilles, avec les bois en sa façade si connue des touristes; et, encore, les plafonds à solives de l'hôtel du Marc, ce legs précieux du xiv° siècle, placé à l'angle de deux rues par la famille Le Vengeur, et qui fut complété lors de la Renaissance, pourvu d'une tourelle à frises élégantes et d'une opulente ornementation.

A Witry, les Lessings de l'esthétique allemande, survivaient dans leurs disciples en uniformes d'état-major feld-grau pour ne rien épargner de la rue Monsieur. Leurs projectiles y émiettèrent les lambris renommés de l'hôtel Monclin, son escalier imposant, puis dans la rue de la Clef, ces remarquables architectures des xvi° et xvii° siècles. Ils abolirent ce qui persistait des murs ayant frôlé Colbert dans son logis de la rue Cérès, et

les façades si vantées dans la rue des Deux-Anges,
dans la rue des Elus, sur la Place Royale évocatrice du
xvii° siècle, et ses maisons aux belles arcades, ni son
Hôtel des Fermes, et les deux allégories de Pigalle
(on eut pû les sauver) près du Louis XV, et l'Hôtel de
Ville, héritage de l'an 1630, de toute l'époque où le génie
de Louis XIII et de Richelieu constituèrent fermement
l'unité de la patrie contre le séparatisme huguenot,
contre celui des grands feudataires, contre les entreprises de la Maison d'Autriche. Que reste-t-il de la
mosaïque antique, de l'autel gallo-romain, des sculptures modernes, de la bibliothèque et de ses incu-
nables, de ses évangéliaires carolingiens? Que reste-
t-il de l'hôtel Coquebert, de son écusson, et du manoir
de Muire?

M. Sainsaulieu comptait, en mai 1918, sept cents maisons anéanties, dont les principales banques, dont les
hôpitaux, théâtres, centres de mutualité, dont le Palais
de justice, symbolique et nécessaire victime des Barbares.

Toutefois, Reims, à cette date, existait encore. Dans
son ensemble la ville pouvait être réhabitée par les
deux tiers de sa population. Cet avenir, d'intrépides
soldats le voulurent défendre contre la suprême ruée
de l'envahisseur se lançant avec ses peuples en armes
vers les foudres de nos batteries, et immolant, pour
un vain espoir de tyrannie universelle, les plus robustes
des générations contemporaines. Mais nous sentions
que c'était là le dernier élan de ce fatal empire. Dans
le but de réussir la formidable *surprise* sur le Chemin des Dames, il avait, tout un an, aménagé l'ensemble entier du front allemand, comme si, de chaque
point favorable, une offensive à grande allure devait,
une nuit, bondir. Ainsi nos aviateurs n'avaient pu dis-
cerner en nulle région, des préparatifs spéciaux,
puisque la plupart des « tremplins » semblaient indu-

bitablement organisés pour une attaque immédiate.

Seuls des rassemblements et des mouvements de troupes avaient été perçus fort en arrière ; mais au nord de l'Ailette, la frondaison, épaisse et neuve des bois en cette saison, dissimulait trop bien les masses accumulées, venues, de nuit, par fractions minimes, à pied, sans convois apparents, et masquées par d'ingénieux camouflages. Quand, le 26 mai, la certitude nous posséda, il était trop tard pour modifier suffisamment le dispositif de la défense ; et, d'ailleurs, il convenait de maintenir la plupart de nos réserves aux côtés des armées anglaises, dans l'ouest, afin d'empêcher la marche sur Dunkerque, la défaite de nos amis, une séparation très redoutable entre la puissance britannique et nos forces.

J'ai, par le détail, relaté, dans la *Revue de Paris*, en mai 19, à la date anniversaire, comment cette immense ruée germanique fut arrêtée, à bout de souffle, décimée, rendue, par les soldats de la fameuse division marocaine et leur général Daugan, par d'admirables infanteries jointes à son destin, devant la forêt de Villers-Cotterets, au long des lisières. Les vagues les plus opiniâtres vinrent expirer sous les feux que leur dardaient nos soldats prêts à la ferme de Vertefeuille.

Outre ses tirailleurs recrutés en Algérie, en Tunisie, au Maroc, cette division comprenait, dans son parti de la Légion étrangère, des Catalans à la bravoure sans pareille, des Américains latins, des Grecs, des Arméniens, des Syriens même, des Zouaves provençaux, gascons et parisiens. Toutes les races de la Méditerranée, tous les peuples associés jadis à l'empire romain se trouvaient là représentés par quinze mille héros. Il est beau que leurs phalanges aient, le 4 juin 1918, mis fin à la chance des empires germaniques.

Les défenseurs de Reims apprirent le résultat dans les caves des faubourgs, sous les écroulements des bâtisses, que pilaient, par rafales, les obus allemands, avec rage. Car, sur les collines orientales, de plus en plus, les états-majors boches prenaient conscience de leur faiblesse apparue, de nos vigueurs grandissantes; et ils essayaient, au paroxysme de la furie, une intimidation dernière en bombardant Reims, et même Paris. Bertha meuglait.

Or ils savaient que, depuis la bataille de Méry, le général Mangin tenait la victoire entre ses drapeaux, que la valeur de son armée, que les talents et l'énergie d'autres chefs, de leurs troupes constituaient une force annulant les effets de l'offensive germanique parvenue sur Compiègne au prix des plus épouvantables sacrifices.

Ce fut avec cet esprit d'inquiétude, que les Allemands se précipitèrent dans la nuit du 14 au 15 juillet, à l'est et à l'ouest de Reims pour l'ultime tentative de reconquérir l'ascendant. La « Bataille de l'Empereur » était commencée. Tout de suite l'orgueil du kronprinz espère vaincre l'armée Gouraud. Elle abandonnait ses premières lignes. Là ne restèrent que des compagnies éparses, des îlots de mitrailleuses. Entraînées par leurs commandants, les foules ivres de l'attaque se précipitèrent, à demi désagrégées, en désordre et sans artillerie vers le deuxième objectif dont les feux paraissaient faibles. A découvert, les multitudes barbares coururent, criant leur triomphe jusqu'à l'instant où contre elles, foudroyèrent et tonnèrent les buissons, les terrains, les crêtes, les boqueteaux, toute la plaine de Champagne soudain explosive et meurtrière. En quelques minutes périrent les bataillons gris-verts lapidés par les 155 français, selon une cadence frénétique, de Moronvillers à Massiges. La surprise n'avait pas eu lieu. La panique emporta les survivants vers l'arrière. Inutilement toute la cavalerie du Kronprinz fut lancée à travers les campagnes, fusillantes et canonnantes. Elle s'écroula par monceaux de vies hagardes, d'agonies convulsives, de rages moribondes. Revenus au point de départ, les escadrons les moins massacrés refusèrent en nombre de retourner au combat avec une colère de rebelles qu'excitaient les régiments pervertis par le contact des bolchevistes sur le front russe, depuis la dangereuse fraternisation de 1917.

Avant le soir leurs états-majors se rendaient compte du désastre. L'habile manœuvre du général Gouraud avait rompu l'élan des Allemagnes. Le fantôme bleuâtre de la cathédrale apparut dans l'échancrure des collines, devant les Parsifals de Witry, pour signifier leur impuissance. Car à l'ouest de la ville, les Italiens de Bligny avaient reçu durement les essais teutons contre la montagne de Reims. Assailli sur trois faces, le territoire propre de la cité n'en demeurait pas moins inaccessible.

Trois jours cependant, le vieux Faust put, à la rigueur, nourrir encore des illusions. Dans la vallée de l'Ardre où il accumulait ses forces devant les Italiens, à la jointure de ces unités et des brigades françaises défendant jusqu'à la Marne, la route de Reims à Verneuil, un état-major allemand sut introduire quelques milliers de ses escouades à travers les bois, sur les collines qui limitent, à droite de la rivière, son étroite vallée. L'extraordinaire vaillance des légions romaines arrête ces avances. Elle cloue l'élan germanique cruellement sur les pentes de Vrigny, de Bouilly, de Couimas et de Marfaux, tandis qu'à Cuchery, sur la rive gauche de l'Ardre, nos soldats exterminaient les agresseurs. Ce furent trois journées d'horreurs et de sang. Les fils du monde latin durent combattre suffoqués par les gaz, criblés par la mitraille, enterrés à demi par les explosions des plus gros projectiles. Mais ils savaient défendre Reims. Leurs capitaines n'ignoraient plus que leur force antique divisée, depuis quinze siècles, par les invasions des Barbares et par l'oppression des féodaux, allait enfin apprendre à l'univers la renaissance de la grande unité méditerranéenne.

Ce furent des jours où les guerriers d'Italie ensevelissaient, dans leurs couleurs nationales, les soldats des Gaules tombés non loin d'eux, et où les nôtres enveloppaient de drapeaux tricolores, avant de les descendre au tombeau, les petits-fils de Brutus morts dans nos lignes communes pour la gloire du même idéal.

Dès le soir du 18 juillet, ceux de Reims connurent que les Latins, à l'ouest comme à l'est, avaient pris l'ascendant sur l'adversaire, que les communiqués officiels d'Angleterre et d'Allemagne même rendaient hommage à nos succès, à l'incroyable mépris de la mort montré par les troupes de Rome, que les armées de Gouraud et de Berthelot assuraient la victoire, que, de la Piave aussi bien que de la Marne, les légions du Droit latin chassaient triomphalement les Barbares, qu'elles dégageaient, à la fois, Venise et Reims, que la voie ferrée d'Épernay, grâce aux bataillons du général Alberici, demeurait sauve, que la Ville des Sacres échappait définitivement à l'appétit des Teutons.

Leurs observateurs se désespéraient plus qu'on ne le pouvait croire sous les enfers de la cité flamboyante pleine d'explosions, dans cette fournaise qu'ils voyaient au soir rougir et enfumer le ciel, derrière le visage torturé de la cathédrale.

En effet, les états-majors prussiens et bavarois ne l'ignoraient plus : sous la forêt de Villers-Cotterets Foch avait, en trois jours, rassemblé vingt divisions, leurs artilleries, leurs quatre cents chars d'assaut, qui, le matin de ce 18 juillet, soudain émergèrent dans le flanc des armées allemandes. Là, du château de Versigny, le général Mangin avait magistralement et secrètement organisé la surprise. Déjà, il pourchassait les multitudes germaniques hors de Dommiers, Saint-Pierre-l'Aigle et Chaudun. Ses tanks écrasaient les réseaux de fer, les abris des mitrailleuses et leurs servants. Ses avions volant à cent mètres du sol, épouvantaient, dispersaient, à l'arrière de la ligne ennemie, tous les renforts.

D'heure en heure, les téléphones signalent l'avance de terribles divisions africaines, de l'armée conduite par l'intelligence du vainqueur de Douaumont. Pendant trois mois, chaque jour va dater une victoire française, un désastre allemand. Recomposé, le vieil empire latin rend à ses légions leur prestige ancien. Il triomphe avec l'esprit des Germanicus. Il venge Varus une fois encore.

Le 23 juillet le général Berthelot pouvait dans son ordre général, écrire : « *Le sang latin versé au commencement sur le sol de France, comme celui répandu sur les terres lumineuses de l'Italie, cimentera plus solidement l'alliance entre les deux nations sœurs et l'amitié indestructible de deux grands peuples.* » Et le 26 juillet, le président Poincaré passant le front italien en revue, proclama : « *Votre sang est répandu sur la terre française comme le sang français sur la terre italienne. Notre victoire sera celle de tous les pays alliés.* »

A Quéant les légions britanniques allaient se couvrir de gloire, comme les légions américaines dans l'Argonne. La Louve de Rome pouvait grandir sur le socle du Capitole, et luire plus radieusement.

Aussi les canonniers boches ne manquèrent pas d'exprimer la furie des kaisers qui sacrifiaient, en vain, quatre millions de jeunes hommes pour la divinité des Allemagnes au-dessus de tout. Continuant avec férocité à démolir les divers quartiers de Reims, particulièrement ceux autour du sanctuaire, les pointeurs envoyèrent, le 26 juillet, trois obus en plein but, quinze le 29, cinq le 31, trois le 7 août, dix le 8, quinze le 12, six le 14, deux le 17, ving-trois le 20, dix le 25, quinze le 7 septembre, et dix-sept le 17. Le faubourg de Vesle n'existait plus sinon comme un amas informe de briques, de moellons, de plâtras et de débris. De même pour la place Drouet-d'Erlon et le boulevard de la République. Chaque maison, chaque hôtel ancien n'est plus qu'une sorte de vague quadrilatère sans toiture aux fenêtres brûlées, contenant des éboulis intérieurs qui pressent, qui gonflent les façades tantôt rosées par le feu, tantôt noircies par les fumées. Avec son aspect du xvii° siècle, le clocher de Saint-Jacques s'effondra sur son église du xiii°, s'abîma sur le portail du xiv°, sur le triforium si particulier, sur les jolies chapelles de la Renaissance, sur les bois des tables à communion sculptés par les artistes de Louis XIV. Alors périt, sauf sa cour, l'antique demeure de Jean-Baptiste de la Salle à qui l'esprit de notre peuple doit l'organisation de l'enseignement primaire. Alors s'enflammèrent les charpentes de Saint-Rémi, s'effondrèrent ses voûtes. La plus vénérable des abbayes était atteinte dans son chœur ogival du xii°, dans sa nef où, le 20 octobre 1049, le pape Léon IX officia. M. Sainsaulieu professe que, pourtant, l'édifice pourra survivre et recevoir, de nouveau, les merveilles sauvées de son trésor, les émaux de Limoges, le Christ byzantin du xii°, les portes à sculptures de la sacristie, les tapisseries, les vitraux du xiii°. Nul obus n'a touché le tombeau de saint Rémi, ni les statues de la Renaissance qui l'ornent. Le quartier environnant est brûlé. Néanmoins y subsiste l'une des maisons archaïques à pans de bois. Les places Timothée, Saint-Nicaise furent alors ravagées par le fer et le feu. Ils ne purent rien contre les restes des vieux remparts : les Buttes Saint-Nicaise.

P. ADAM.

11

Des cent vingt-huit obus que les Boches adressaient à Notre-Dame entre le 25 juin et le 17 septembre plusieurs ont anéanti d'inestimables chefs-d'œuvre.

Centre de la façade Nord, le Beau Dieu, qui semblait un Phédon enseignant la philosophie platonicienne, et qui attestait Jésus comme un concept de la Méditerranée, fut décapité, amputé d'une main. Ses draperies sont arrachées. Ainsi le Wotan baltique a voulu tuer le génie de la Méditerranée si manifeste dans cette image taillée par des artistes conscients de notre aïeule spirituelle, la Grèce de Solon, de Socrate et de Périclès.

Le Beau Dieu n'est plus. Un signe principal a disparu de l'étroite filiation entre notre église latine et la mentalité antique. Faust a frappé là un fils de cette Hélène qu'il voulut évoquer par la magie de Méphistophélès, afin de savoir le secret total de la beauté, de l'harmonie gardé par ces êtres mystiques, « Les Mères », les Causes, dans le sein de l'Inconnaissable, de l'abyme.

Si le mur construit en hâte devant l'Eve fut emporté par le choc d'un projectile, elle survit intacte. Au contraire la statue de la Religion Chrétienne a laissé, en son lieu, uniquement, la pierre à demi déchirée, avec elle, par le vol de l'obus. Seul un fragment du menton fut retrouvé. Le dessin de la bouche suffit pour indiquer la valeur de l'image anéantie, et quel crime absurde le Grand Quartier général allemand décida, sans aucune utilité militaire, de commettre contre un chef-d'œuvre du style le plus classique.

Tout le relief de saint Remi chassant les démons incendiaires dans le tympan de la façade nord, a été raclé par le coup d'un oiseau porte-mort qu'envoya Witry. Devait-elle échapper à la violence des Boches, cette prévision de l'artiste ancien, imaginant la force de Reims et de son esprit assez puissante pour mettre

en fuite les Barbares venus brûler la ville des Sacres?
L'illogisme eût paru flagrant. Le souffle de l'enfer a
dirigé l'obus qui put effacer le symbole et la prophé-
tie. Il ne reste qu'un mur écorché là où tant de naïveté
gracieuse évoquait les satyres et leurs torches fuyant
sous l'exorcisme du bon évêque protecteur de la
cité.

Voilà les destructions capitales parmi tant d'autres,
parmi les frêles colonnettes brisées du haut en bas de
l'édifice, parmi les anges décapités entre leurs ailes
droites autour des combles, parmi les arcs sublimes
des contreforts rompus derrière le chevet, parmi tant
de reliefs écornés, de voûtes crevées, de gâbles brutalement rabotés, d'apôtres manchots, de saintes bles-
sées, entre le parvis et les pointes des pinacles.

Stupides cruautés de Ludendorff et de Hindenburg;
étranges conseils de Hegel et de Nietzsche à leurs
descendants; absurdes calculs de Leibniz et Virchow;
fautes bizarres de psychologie chez les élèves de Kant,
de Schopenhauer, chez les amis de Freud; contradic-
tions inexplicables dans les cerveaux instruits par Lessing l'esthète, et Mommsen, l'apologiste de la grandeur
romaine.

Avoir anéanti l'archevêché des Sacres, la majesté
de la Place Royale, la figure évocatrice de l'Hôtel-Dieu,
avoir supprimé le trésor du Musée archéologique, tant
de tapisseries vénérables, de mosaïques réputées,
d'innombrables livres perpétuant l'intelligence des
siècles défunts, maints et maints tableaux où demeuraient fixés les instants de la nature variable, toute
cette brutalité a-t-elle empêché les Mangin, les Fayolle,
les Degoutte et les Daugan, de consommer, en
août 1918, le désastre des armées allemandes, aux
prises avec celles du génie latin.

Hegel eut-il conseillé cette folie? Devant cette question nous nous demandons atterrés, parfois, à quelle

époque de l'avenir porteront tous leurs fruits la science
et la philosophie cultivées depuis les origines par les
peuples civilisateurs, par les peuples barbares qu'ils
éduquèrent à demi. Cette longue lutte qui débuta par
le conflit entre Italiens et Turcs, qui continua par les
guerres balkaniques de 1912 et 1913, qui s'acheva par
l'énorme embrasement des patries européennes, africaines, asiatiques qui dure encore de la Baltique au
Pont-Euxin, de la mer Blanche à la Caspienne, habitua
les foules à renier les nobles principes des chevaleries,
les conventions humanitaires de Genève, le droit des
gens établis par Grotius, accru par les Conférences
de La Haye. Nulle de ces thèses solennellement admises n'atténua la sauvagerie doctrinaire et atavique
des Treitschke, des Bernhardi. Rien de la morale, de
l'histoire ni de l'ethnographie ne les prémunit contre
l'erreur de croire à l'efficacité du terrorisme pour sou-
mettre rapidement les races jadis unies, quatre siècles,
par l'empire romain. Et cette erreur, trop évidente
depuis 1914, n'a point décidé même les bolchévistes
à ne la point renouveler en 1917. Elle a convaincu la
sagesse des apôtres israélites qui vont transformer tout
le monde russe, avec l'appui des Von der Goltz et de telles
banques allemandes, américaines et anglaises. Revanche d'une race malheureuse décimée jadis par la
fréquence des pogroms. Si de pareils enseignements
ne purent influencer les élites de Berlin, de Vienne, ni
celle judéo-slave de Petrograd, de Moscou, comment
espérerons-nous jamais la fin de l'ère cruelle, l'aube
de la paix ?

Sans force militaire pour l'application de ses lois, sans
droit réel de contrôle sur les armements au sein des
états, ce n'est pas la Société des Nations qui contrain-
dra les Barbares à la douceur. Seule la crainte du
gendarme et du policier écarte du crime la plupart
des hommes. Aussi, les Allemands ne parlent-ils que de

revanche, en promettant aux patries latines d'autres massacres, d'autres ruines, d'autres anéantissements. Et si nous avions renoncé aux très minimes dédommagements que nous accorde la paix de 1919, cela n'eut pas empêché cet espoir de revanche dans les âmes vaincues des éternels barbares.

Donc ils peuvent se préparer à d'autres héroïsmes, ou bien les inculquer à leur progéniture, hélas, ces admirables sapeurs du génie qui, sous le formidable bombardement d'avril 1917, étayant le pilier de l'abside, écartèrent le danger de l'effondrement. D'autres peintres-verriers devront, quelque jour, imiter celui des Monuments Historiques, M. Jacques Simon, lequel, avec cinq pompiers de Paris, se hissa vers les arcs de plusieurs fenêtres, s'y accrocha, descella, sur les indications et en présence de M. Sainsaulieu, quelques vitraux splendides, à l'heure où l'ennemi, dès le moindre mouvement apparu dans ses jumelles, dardait ses feux contre l'édifice. Les obus asphyxiants empoisonneront encore quelque jour un lieu mémorable dans l'une de nos villes historiques, et il faudra qu'un ébéniste arrache, comme M. Gagnant, au mur en péril, des boiseries célèbres.

Car les conditions de la paix, si elles assurent aux Allemagnes la certitude plénière de reconstituer leur puissance économique, industrielle et militaire, nous laissent dans l'état de défense dicté par la Prusse de 1815, durant le Congrès de Vienne, afin de pouvoir toujours, et, sans trop de gêne, envahir notre sol, y piller, y saccager, y massacrer, comme il advint en 1870 et en 1914.

Que nos états-majors de 1918 aient déployé tous les talents, que l'invraisemblable courage de nos poilus et la magie de nos industriels aient prodigué ce qu'il fallut de sang et d'armes pour déterminer une victoire inouïe, cela n'a point suffi. Nous ne sommes pas délivrés. Les Orateurs à qui les peuples alliés confièrent le soin de préserver l'avenir latin manquèrent apparemment du savoir qui reste l'apanage des historiens, des géographes, des économistes, des diplomates, des encyclopédistes.

Malgré les efforts de Clemenceau, les médiocres ont rendu vaine la victoire des héros.

XXIII

Quand on erre parmi les décombres de Reims, quand on suit les longues rues entre les façades béantes, noircies et rosées par le feu, gonflées par l'amas des débris qu'elles retiennent, quand on regarde les murs criblés, leurs angles écornés, les éboulis de quartiers plus atteints encore avec leurs églises, leurs manufactures, leurs hôpitaux, leurs écoles, on se demande si la ville sera jamais reconstruite. Une maison sur mille à peine peut redevenir habitable après qu'on l'aura réparée. D'autres qui semblent intactes à demi, furent tellement ébranlées par les explosions que la sécurité exige de les abattre en partie, avant d'y loger une famille. Sur plus de treize mille maisons, une vingtaine seulement reste intacte. Cinquante ans ne suffiront point à la reconstruction des autres. Le désastre est absolu.

Les calculateurs évaluèrent à cinq milliards d'abord, puis à quatre et à trois et demi, les sommes nécessaires pour ressusciter la ville. Devant cette démonstration mathématique on ne comprend pas comment les destructeurs ne furent pas invités, la veille de l'armistice, à verser d'abord cet argent, ou, s'ils ne le pouvaient, à vider Cologne, par exemple, de tous ses Allemands, pour y loger les gens de Reims sans toit.

Voilà ce que la justice prescrivait aussi pour Louvain, Ypres, Arras, Soissons, etc., pour tous les bourgs, villages et hameaux anéantis par les envahisseurs, pour tous les champs rendus infertiles, pour toutes les usines démolies. De même que les tribunaux civils, au nom de la Loi, dans tous les états civilisés, ordonnent au destructeur soit de payer la valeur de la chose détruite, soit de subir la vente de ses propres biens, afin de restituer une équivalence à la victime du forfait ; de même il eût été vraiment et purement équitable d'exiger ville pour ville, hameau pour hameau, fabrique pour fabrique, champ pour champ. Le Président Wilson, dans son message au Congrès américain du 8 janvier 1918, a énoncé le huitième point dans ces termes : « *Le territoire français tout entier devra être libéré, et les régions envahies devront être restaurées...,* etc. ». Or les Allemands se déclarent dans l'impuissance de verser les quatre-vingts milliards indispensables à cette seule restauration, dans un délai acceptable. Conformément aux lois universelles, leurs biens doivent, en ce cas, être saisis, vendus ou livrés en échange de ceux abolis par leur crime. Si j'incendie la demeure de mon voisin, si la loi me condamne à payer, sous forme de dommages-intérêts, la reconstruction de ce bâtiment, si je ne possède pas d'or, d'argent, ni de papiers bancaires en nombre suffisant, l'huissier saisira mes immeubles et mes meubles. Il en remettra la valeur à ma victime. Thèse juridique, simple et nette, qu'il nous sied de défendre ; et point une autre. En échange des villes et campagnes ravagées, les Allemands doivent remettre une valeur égale de villes et de campagnes sur la rive gauche du Rhin, aux Belges comme aux Français. Quant aux populations germaniques de ces lieux autrefois conquis par violence sur nos ancêtres des Gaules, de qui le Rhin, selon Tacite, constituait la frontière, explicitement, la Conférence les eût justement priés de retourner vers le domaine de leurs aïeux, de libérer nos territoires indûment occupés depuis le ive siècle. L'Allemagne semble assez riche pour recueillir ces populations, les indemniser, les répartir entre ses provinces.

Qui donc eût pu considérer cette réparation comme une iniquité? Point nos ennemis, j'imagine, qui transportèrent de Belgique, de France, de Yougoslavie, de Pologne, par milliers, des paysans, des citadins, des jeunes filles, des populations entières, afin de les faire travailler, et souvent aux tranchées, sous le feu des légions latines!

Aujourd'hui même, devant l'incapacité reconnue par eux, de *restaurer les régions envahies* d'après la parole même du président Wilson, pourquoi nos Orateurs n'exigent-ils pas que les biens des Barbares soient saisis judiciairement sur la rive gauche du Rhin et remis aux victimes de cette féroce invasion?

Pourquoi? se demandent les gens de Reims, examinant les décombres de leurs maisons, dont le déblai seul coûterait autant en 1920, que la construction totale eût coûté en 1912. Aussi la plupart des propriétaires munis de fortunes moyennes renonceront-ils. Seuls les riches pourront déblayer. Les autres s'accommoderont de gîter, de travailler, de vendre et d'acheter dans les ruines, sous des abris précaires de planches et de tôles, avant que les épidémies consécutives à l'hygiène défectueuse, ne les en chassent.

Et cela n'est pas le sort de Reims uniquement, mais celui des autres villes lapidées par le Méphistophélès germanique. C'est le sort des bourgs, villages, usines, hameaux, et campagnes, des provinces saccagées depuis la Mer du Nord jusqu'à l'Adriatique, jusqu'à la Mer Noire.

Pour vous en rendre compte, avez-vous visité les environs de Reims, et contemplé les champs de bataille immédiats jusqu'au Chemin des Dames, comme je le fis en janvier 1919?

Il faut courir sur cette route de Laon, dans le brouillard du matin, selon la rapidité cahotante de l'automobile, entre ces faux buissons que plantèrent les camoufleurs afin de masquer pour l'ennemi, quelque peu, le passage des convois et les mouvements des relèves, entre ces loques énormes tendues comme des écrans, et que les pluies, les vents effilochèrent, que trouèrent les éclats et les balles. On se retrouve, les bruits en moins, dans l'atmosphère de la lutte. A droite, à gauche, bientôt voilà les réseaux de barbelés autour des cratères creusés par les 210. Des chevaux de frise sens dessus dessous. Un terrain étrange, ayant perdu tous ses aspects de culture. Ce n'est plus que trous et bosses, plantations de fils de fer, décombres, madriers, fosses et tranchées, jusqu'au plus loin. La terre ressemble à un ciment caillouteux, définitivement figé.

De ci, de là, un pan de mur, un éboulis, des ferrailles tordues, des poutres à demi consumées signalent l'emplacement d'un village, d'une fabrique. On rencontre des caissons boiteux, des voitures régimentaires avec une seule roue. Voici des obus en pile dans leurs paniers oblongs et qu'on ne put emporter faute de chevaux, sans doute. Un bombardement avait-il massacré les bêtes? Encore des piquets neufs, d'énormes écheveaux de fils en métal non employés. A mesure qu'on approche de Berry-au-Bac, deux remparts, avec des cimetières, des croix de bois à cocardes tricolores limitent le corridor de la route. A droite, à gauche, s'entassent des bastions étranges et formidables, d'extraordinaires buttes fortifiées, creusées, flanquées de treillis de fer. Les réserves d'obus en corbeilles, et bien rangés, se succèdent, par tas symétriques, à l'entrée des boyaux. Ici, gisent les pelles, les pioches en nombre. Voilà des morceaux d'équipements, des pans de capotes, des casques bosselés, des fusils rompus, des pantalons tachés de brun par l'hémorragie. Au delà, c'est le désert et les corbeaux tournoyant parmi les brumes, et le monde opaque dans la vapeur d'automne. Ce qui persiste de Coucy-Brimont, les ruines de la verrerie, celles de l'église et de ses voûtes romanes, celles de Loivre et de la manufacture, de la sucrerie, du sanctuaire à la Vierge Noire, celles de Cauroy et d'Hennonville au beau porche, celles de Cormicy se profilent à peine dans la brume. Traits vagues du fantôme qu'est ce paysage mort.

Les gouttes d'humidité pendillent aux fils de fer partout tendus devant les cratères et les tranchées profondes, entre les buttes fiévreusement creusées par mille ouvriers, et où se clapirent tant d'hommes anxieux, entre les plus épouvantables cataclysmes des artilleries. Tout le sol est bouleversé; ici soulevé, enfoncé; là, mêlé à des fondations, à mille décombres, à de monstrueux tracteurs en panne définitive, aux cadavres des petits cimetières que désignent leurs cocardes déteintes sur les croix de bois. De ce territoire monstrueux, émergent un pan de mur, les amas de briques pilées, une poutrelle d'acier rompue et droite en l'air. Ils signalent l'emplacement d'une sucrerie dans Berry-au-Bac; et c'est tout. Blanchâtre, l'Aisne coule sous le pont raccommodé en hâte pour le passage des canons, des automobilistes, des troupes à la poursuite de l'ennemi. Au carrefour du Choléra, c'est le chaos. Nos 410 ont enfoncé dans le sol les blocs de béton à l'intérieur desquels commandaient les états-majors allemands. Que de Fausts dorment dans ces tombeaux enfouis! Que de leurs soldats furent, par nos bombardements, mélangés, incorporés à cette région qu'ils voulurent conquérir! Elle les a dévorés par centaines, par milliers. Elle les digère. Peut-être rendra-t-elle leur sang au soleil avec les coquelicots ornant la verdure de nos jeunes avoines.

La route s'allonge vers le nord, couloir dans cette

suite de redoutes déformées, de cratères se chevauchant, de monticules aménagés en abris, de souterrains
bouchés par les éboulements, et devenus les sépulcres
des envahisseurs. L'enfer s'est refermé sur les démons
qui le suscitèrent.

Corbeny, Craonne, Craonelle, paysages de la plus
horrible dévastation, que d'agonies vous avez soute-
nues, que de sang vous avez bu, que de fer vous avez
englouti, que de foules héroïques ! Combien de fois en
cinq ans, nos troupes s'élancèrent sur ces hauteurs
pour rompre l'étreinte des Barbares. Combien de fois
leurs bataillons retombèrent diminués, exténués, raclés
par la mitraille, bousculés par les souffles d'épouvantables rafales ; mais jamais vaincus ; mais toujours
prêts à ressurgir, cent ou vingt, ou trois, un seul, et
plus intrépide. Quelque part il est une sorte de lac
vide, place du terrain qu'une mine lâche fit sauter en
déchiquetant onze cents chasseurs du même bataillon.
On n'en retrouva jamais trace.

. A Craonne rien ne subsistait. Avec celui qui jadis
fabriquait là des chaises, sa famille cherchait en vain
la place des ateliers. La mère pleurait, debout, massive,
et vieillie. Le petit vieux furetait dans le brouillard à
tâtons. Il disait aux décombres, aux entonnoirs pro-
fonds sa captivité, sa condamnation à mort par les
Boches, sa chance d'avoir échappé... Il parla pour
les pierres de sa maison, pour les débris de son ancienne existence, pour son foyer anéanti, pour les
brumes de son automne habituel. Nous le laissâmes
chercher dans les cagnas et les abris voisins, quelques-
unes de ses chaises utilisées par les soldats des deux
partis. Et nous grimpâmes sur le raidillon vers le mont
de Craonne. La position n'avait été que cinq minutes
auparavant abandonnée par les combats : on l'eût dit.
Il fallait avec soin, du pas, éviter les grenades à terre.
Beaucoup, dans leurs boîtes, sur une motte, restaient là

portée d'un guetteur. Percés, des casques coiffaient les croix de bois à cocardes tricolores sur les tombes des poilus morts à leur poste. Un réseau de fils métalliques protégeait chaque entonnoir, organisé en fortin. Les pioches, les pelles des terrassements nécessaires semblaient, à l'instant, tomber de mains qui certes avaient dû saisir la grenade ou le fusil pour défendre la place, puis chasser l'ennemi en fuite.

Nous nous hissons sur cette butte de monticules et cavités. Terrain hideux, entièrement chauve, fait comme de pierrailles et de mortier. De plan en plan, les cratères ont servi de tranchées jusqu'au jour d'octobre 1918 qui date le recul définitif de l'ennemi.

Tombes ornées de cocardes françaises. Trous anglais, dont les sacs à terre exhaussent le rebord, et que parsèment des lambeaux kaki, quelques morceaux d'équipement, des boîtes à conserves brutalement illustrées, des coffres pleins de grenades ou de fusées, des cartouches à mitrailleuses sur leurs longues bandes.

Squelette aujourd'hui, blanc et brun, une victime du dernier combat s'est affaissée sur ce tertre. La carcasse blanche n'a perdu que trois côtes, les tibias et les fémurs gisent bout à bout. Les rats ont décharné entièrement le mort, sans doute, et ils ont même croqué les petits os des pieds, des mains. On n'en aperçoit plus. Le crâne a disparu de même. Quelles tortures endura ce guerrier. A-t-il absorbé les gaz du dernier temps qui tordaient leur homme comme une lavandière tord un drap mouillé au-dessus de la cuvelle. Ils corrodaient intérieurement de telle sorte qu'on vomissait ses organes en loques, estomacs, poumons... Ou bien fut-il, ce malheureux, ouvert par un éclat tranchant, de l'aine au sternum. La poche du ventre s'ouvrit-elle, libérant les replis des entrailles, et mit-elle à l'air la palpitation du foie? Lui se vit-il ainsi, hurlant d'horreur, en sa cagoule, cependant que la vie et le sang le, fuyaient ensemble, que l'univers chavirait dans ses yeux troubles, que tout manquait à ses mains défaillantes, douleurs et joies, espoirs, triomphes, idées, passions? Cette carcasse vide et disloquée a contenu tout cela qui composait un homme. Les restes de l'envahisseur s'effritent au vent dans ce silence et dans cette brume, sur ce tertre que tant d'explosions, cinq ans, bouleversèrent, que tant d'éclairs ont foudroyée, que tant de moribonds convulsifs ont griffée. De Reims lointain, demeure au conquérant ce peu de boue, qui servira de linceul à sa poussière, sur ce terrible Chemin des Dames, au bout des supplices.

Avant de périr a-t-il compris la monstruosité du crime préparé, accompli par sa nation sur cette contrée jadis riante, prospère, aujourd'hui déserte et stérile?

A-t-il su, que de la mer du Nord à la Caspienne, une épouvantable cupidité a détruit, de la sorte, cent provinces flamandes, picardes, champenoises, ardennaises, lorraines, alsaciennes, alpestres, adriatiques, polonaises et roumaines, serbes et russes, plus loin même en tous lieux où les armées de la domination germanique se heurtèrent aux défenseurs de la civilisation latine et byzantine? La vie des villes et la vie des champs est éteinte pour tant d'années, du septentrion à l'orient, sur cette longue région de l'Europe labourée par les obus, défoncée par les explosions, scalpée de son humus, gorgée de ferraille, empoisonnée par les gaz, pourrie par les cadavres des bataillons, des régiments, des armées. Longue, très longue région sur quoi tant des nôtres devront peiner afin de rebâtir, de fertiliser, de produire encore selon une paix ambiguë faite pour changer notre splendide victoire en une sorte de désastre qu'accroît la menace du bolchevisme international en apparence, mais germanique en réalité.

De butte en butte, de tombeaux en tombeaux, entre

la série des cratères et les réseaux de barbelés, nous montions toujours, Nous choppions contre les casques troués par les balles. Près de l'un nous regardâmes rire, dans la terre, un crâne sardonique et carré. Un Hans avait là trouvé sa fin, avant de partir, une nuit d'octobre, avec sa brigade délogée par nos artilleries.

Ce rire du mort allemand répondait-il au Sourire de Reims, au sourire de l'Ange décapité contre saint Nicaise, le martyr des Vandales? Ce sourire du mort allemand raillait-il notre triomphe métamorphosé, à Versailles, en la détresse d'un peuple que vont accabler des impôts incroyables, au milieu de ses industries en ruines, de ses campagnes stérilisées, de ses ateliers dévastés par les grèves d'une populace en délire, docile aux exhortations du Méphistophélès très adroit pour tromper encore ses vainqueurs ?

La denture riante reposait sur le sable et les cailloux, sans la mâchoire inférieure emportée par quelque bête avide. Il semblait que cette lourde tête mordît notre sol, en son sarcasme, et nous promît plus de peines que n'en eût values sa vie conquérante.

De ma botte, je déplaçai ce crâne odieux. Il retomba sur les dents, et se reprit à mordre notre sol avec l'air de rire toujours.

XXIV

Nous avons tenté de fuir, au vol de l'automobile, cette hantise. Notre vitesse traversa des bourgs démolis, brûlés, écrasés, cet OEuilly aux petits jardins tout remplis de décombres et de tombes où l'on se battit férocement, ce Fismes que j'avais vu bombarder au printemps de 1917, durant la bataille, quand les torpilles des fokkers enfonçaient, dans les caves, les maisons et leurs familles, mais qui, lors, faisait toujours figure de ville, avec des rues, en somme, habitables, des villas criblées, cependant occupées par les troupes et leurs chefs. En janvier 1919, ce n'était plus qu'amas de briques, de moellons et de charpentes incendiées, que désert de pierrailles, que hérissements de façades minces, penchantes et noircies, contenant mal les éboulis des étages.

Nous rentrâmes dans Reims par des faubourgs semblablement lapidés, par des avenues bordées de ruines roses et brunes. Nous courûmes vers la cathédrale pour y chercher un refuge contre l'obsession du crâne allemand, de ses orbites et de ses mâchoires rieuses.

De loin elle nous apparut, en sa forme changée par les rages suprêmes des Teutons, comme une sorte de mont sculpté au hasard par la force des ouragans et de leurs foudres. Elle survivait plus évidemment robuste, puisqu'elle était debout, quoique si cruellement blessée de toutes parts. Le palladium des Gaules latines survivait, total et sublime.

Et nous saluâmes ses portails mutilés, sa Reine de

Saba décapitée, le fantôme de l'ange sans face et sans sourire, avant de pénétrer la divine lumière de la nef encadrée par ses lignes de pierre, couverte par la haute et savante géométrie des voûtes, embrassée par le jaillissement magnifique des colonnes aux fûts multiples.

Là bas, par-dessus le maître autel écrasé, par-dessus la rotonde du chœur, plus de lumière encore tombait du ciel; car les catastrophes d'artillerie ont ouvert de très larges brèches, au sommet de l'édifice. Cette abondance de clarté nous fut une présence consolatrice. Elle montrait mieux l'altitude entière de l'ogive, la majesté de la nef, sa pâleur étonnante, l'harmonie de ses plans verticaux, toutes les profondeurs.

La nef des Sacres a survécu, et dans sa magnificence, gloire des architectes anciens.

Pierre elle est pierre. Les forces de l'enfer n'ont pu contre elle prévaloir. L'œuvre de Reims, et de son esprit, n'est pas terminée. Il obligera la justice immanente, qui nous a déjà rendu l'Alsace et la Lorraine, de rendre, un jour, à la patrie de l'église latine, de Charlemagne et de la Révolution, ses limites naturelles, celles voulues par nos aïeux, les Conventionnels, celles obtenues par les armées jacobines de l'an VIII.

Inutilement les monstres d'acier, les 150, les 210, les 305, les 380 ont défoncé la voûte. L'autel de la Vierge n'a point subi leurs atteintes. La Notre-Dame qui s'incarna dans la Bergère de Domrémy n'a point permis cette suprême insulte.

De ces destructions affligeant l'intérieur de l'édifice beaucoup pourront être réparées sans lacune. Ainsi furent réparées, de 1484 à 1515, les conséquences de l'incendie qui, le 24 juillet 1481, né sur un réchaud de couvreurs, dévora les faîtes du sanctuaire, liquéfia sa toiture de plomb, abattit ses pinacles, fondit ses cloches.

Trente et un ans, l'énergie des Rémois, la munificence des clergés, des corporations, de l'aristocratie collaborèrent à la restauration du palladium celto-latin. Les victoires gagnées sur les Bourguignons du Téméraire, sur les Anglais, encouragèrent la plupart à couronner noblement l'église des Sacres. Dans un élan de fierté nationale qui ne s'arrêta point, on travailla, bien que les guerres, la disette, l'exil eussent réduit à dix mille habitants la population de la cité, dont deux mille pauvres ; bien que les querelles de Louis XI et de l'archevêque Pierre de Laval eussent troublé la paix civile. Mais Charles VIII reçu dans la cité de saint Remi, à l'heure de son sacre, par une adolescente à la belle chevelure d'or, par un sourire de Reims, désigna quelques importantes recettes des greniers à sel qui serviraient de fonds aux architectes de la cathédrale. Le prince exempta de tailles les citoyens pour leur assurer plus d'aise durant ce labeur. Lequel s'acheva, tandis que notre chevalerie de Charles VIII et de Louis XIII tentait de soustraire l'indépendance des républiques italiennes à la maison d'Autriche, puis à la maison d'Espagne. L'argent des Champenois et des autres Français fidèles à leurs traditions latines y pourvut. Pendant la première campagne, les futurs archevêques de Reims, Robert et Guillaume Briçonnet accompagnèrent même nos cavaleries. Ils frappèrent d'estoc et de taille à Fornoue. Louis XII devait, le soir de son sacre, prononcer le serment « *de faire toute chose que connoîtra être au bien sûreté, et conservation di royaume sans consentir ni permettre la diminution de celui* ». Serment que lui rappelèrent les députés aux États-Généraux de Tours, en l'obligeant à rompre les fiançailles de la princesse Claude avec Charles d'Autriche, et de la marier à François d'Angoulême pour éviter que la dot, Milan, Bretagne, Asti, Blois et Bourgogne ne devinssent des apanages germaniques.

L'esprit de Reims avait encore sauvé l'intégrité de
la patrie.

Nul doute qu'après notre incomparable victoire de
1918, l'élan des Champenois pour reconstruire la cathédrale n'égale celui de 1484 à 1515. Nul doute que tous
les Français ne concourent, par tous les moyens, à
la réparation du sanctuaire, puisque le traité le plus
injuste exempte les destructeurs de cette réparation.

Pleins d'une surprenante énergie déjà, en novembre 1919, vingt-cinq mille citoyens revenus dans leurs
décombres reforment leurs boutiques avec des lattes et
des cartons. Ils besognent et trafiquent. Une population très active se coudoie dans toutes les rues.
Spectacle émouvant.

Que Reims, demain, se dresse et réclame. Que son
municipe réclame, pour son musée nouveau, les
13 Watteau, les 26 Lancret, les 37 Pater, les 4 Char-
din, les Boucher, les Coypel, les Van Loo, les Nattier,
les De Troy, les Fouquet, les Coustou, les Lemoyne,
les Bouchardon, les Pigalle, les Houdon, qui parent
les musées, les palais de Berlin et de Potsdam. C'est
le moins qu'on puisse obtenir des Barbares.

L'église des Sacres recouvrera le total de sa beauté.
Inutilement les quatre obus de 150 ont troué la chapelle de droite. Inutilement l'incendie a fondu la chape
de plomb qui recouvrait le faîte, et versé dans l'église,
en gouttes brûlantes, son million de kilogrammes. Inutilement la flamme de l'enfer suscité par le Méphistophélès a effacé les gracieuses statuettes sous la grande
rose qui sera reconstituée intégralement.

L'œuvre de Jean d'Orbais n'est pas anéantie, ni la
Gaule, ni la vie des nations celto-latines réunies, en
1917, dans l'état où les avait assemblées jadis la paix
romaine des Flaviens et des Antonins, le génie de
Trajan et de Marc-Aurèle, le génie de la Méditerranée.

Le crâne carré peut rire en mordant la poussière de

Craonne. A côté du casque percé par nos balles, son affreux sarcasme peut nous promettre la misère du temps prochain, même l'ignoble trahison des bolchevistes et des pangermanistes français. Il ne diminuera point l'honneur de Reims, ni sa gloire.

Jeunesse héroïque de 1918, que le plus beau ciel a vêtu de sa nuance, tu as sauvé le monde et son espoir de justice.

ÉVREUX, IMPRIMERIE CH. HÉRISSEY